经世济民

诚信服务

德法兼修

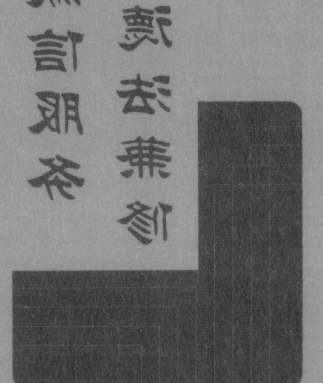

高等职业教育财经商贸类专业基础课 **经世济民 立德树人** 新形态一体化教材

高等职业教育在线开放课程
新形态一体化教材

高等职业教育商科类专业群
物流类专业新目录·新专标配套教材

新目录
新专标

现代物流
管理概论

主 编 梁世翔 姬中英

高等教育出版社·北京

内容提要

　　本书是高等职业教育财经商贸类专业基础课"经世济民　立德树人"新形态一体化教材，也是高等职业教育商科类专业群物流类专业新目录·新专标配套教材。本书为落实立德树人根本任务，以教育部的《高等学校课程思政建设指导纲要》为指导，对接《职业教育专业目录（2021年）》和《高等职业学校专业教学标准》，将"现代物流管理概论"的课程思政之魂提炼成"两好一创"，即"人好——爱国、诚信、守纪；活好——安全、绿色、高效；创变——为客户创造价值"。本书根据中华人民共和国国家标准《物流术语》（GB/T 18354—2021），以"两好一创"为主线构建教材内容，包括现代物流管理概述、物流系统管理、物流技术与装备管理、物流服务提供商管理、物流运作管理、物流服务与物流成本管理、物流供应链管理7章内容，设置了"社会担当""德技并修"和"降本增效"三个特色栏目，并遵循学生的认知规律，按照案例启智——故事感悟——职业引导的方式设计，培养学生爱国、诚信、守纪的职业态度，训练学生安全、绿色、高效的服务技能，使学生牢记以民为本、为客户创造价值的初心使命，在入门之初就形成物流必备的知识、技能和素养。

　　本书可作为中高职院校物流类专业及财经商贸类其他专业的教材，也可作为相关专业的培训教材，还可作为相关从业人员的参考用书。

　　与本书配套的在线开放课程"现代物流管理概论"可通过扫描封面的二维码，登录爱课程"中国大学MOOC"平台进行在线学习。"现代物流管理概论"在线开放课程建设了微课、动画、视频、PPT课件和习题答案等类型丰富的数字化教学资源，精选其中具有典型性和实用性的资源以二维码形式在教材边白进行了标注，供读者即扫即用，其他资源服务见郑重声明页的资源服务提示。

图书在版编目（CIP）数据

　　现代物流管理概论 / 梁世翔, 姬中英主编. –– 北京：
高等教育出版社, 2022.2
　　ISBN 978-7-04-056992-6

　　Ⅰ.①现… Ⅱ.①梁… ②姬… Ⅲ.①物流管理–高等职业教育–教材 Ⅳ.①F252.1

　　中国版本图书馆CIP数据核字(2021)第182928号

现代物流管理概论
XIANDAI WULIU GUANLI GAILUN

策划编辑 康　蓉　责任编辑 康　蓉　封面设计 赵　阳　版式设计 赵　阳
插图绘制 于　博　责任校对 吕红颖　责任印制 赵义民

出版发行 高等教育出版社　社址 北京市西城区德外大街 4 号　邮政编码 100120
购书热线 010-58581118　咨询电话 400-810-0598
网址 http://www.hep.edu.cn　http://www.hep.com.cn
网上订购 http://www.hepmall.com.cn　http://www.hepmall.com　http://www.hepmall.cn

印刷 北京盛通印刷股份有限公司　开本 787mm×1092mm 1/16　印张 12.5
字数 260 千字　插页 2　版次 2022 年 2 月第 1 版　印次 2022 年 2 月第 1 次印刷
定价 38.80 元

"现代物流管理概论"课程介绍

课程负责人：梁世翔　代湘荣

爱课程（www.icourses.cn）

主编简介

梁世翔，博士，武汉交通职业学院副校长，三级教授。全国物流行业指导委员会委员兼校企合作专委会副主任，湖北省高等学校物流管理专业教学团队负责人，湖北物流职业教育集团副理事长兼秘书长。中国交通教研会职业技能等级认证中心专家。第三批、第四批1+X职业技能等级证书审核专家。从事物流职业教育30多年，历任全国交通职业教育专业带头人，国家示范性高职院校物流管理专业课程开发与资源库建设协作组副主任。全国高职高专经管类专业教学资源建设专家委员会委员，全国交通职业教育教学指导委员会交通运输管理专业委员会委员，中国交通教学研究会港口与物流管理专业委员会副主任，中国物流学会产学研基地主持人，中国物流学会理事，湖北省物流协会副会长。主编教材5本，主持省部级以上科研项目5项，公开发表论文40余篇。获国家教学成果奖二等奖1项，物流行业教学成果奖一等奖1项，省级教学成果奖一等奖2项、二等奖1项。

姬中英，武汉交通职业学院副校长，三级教授。首批国家级职业教育教师教学创新团队（物流管理）负责人，全国职业院校教学资源库项目负责人，全国职业院校技能大赛智慧物流作业方案设计与实施赛项专家组组长，第45届世界技能大赛货运代理赛项国家集训基地专家，全国交通运输职业教育名师，全国职业院校技能大赛市场营销赛项仲裁组组长，全国职业院校技能大赛现代物流赛项"优秀指导教师"，国家职业教育骨干专业带头人，国家示范职教集团负责人，指导学生获2013年全国职业院校技能大赛一等奖。湖北省"五一劳动奖章"获得者，湖北省十佳师德标兵，湖北省职业教育名师工作室主持人，湖北物流职教品牌项目负责人，湖北省职业院校技能大赛物流赛项裁判长，湖北省物流采购供应链行业改革开放40年代表性人物。

现兼任长江经济带物流职业教育协同发展联盟常务副理事长，中国交通职教集团职业教育研究院副院长，全国邮政快递职业教育教学指导委员会委员，湖北省高等教育学会物流专业委员会副主任，武汉市物流协会副主任。

主持完成国家、省部级研究项目14项，获得全国物流职业教育教学成果奖一等奖1项、二等奖2项，获得省级教学成果奖一等奖1项、二等奖1项，主编主审教材7部。

前 言

2020年5月28日，教育部印发的《高等学校课程思政建设指导纲要》提出：经济学、管理学、法学类专业课程要在课程教学中坚持以马克思主义为指导，加快构建中国特色哲学社会科学学科体系、学术体系、话语体系。要帮助学生了解相关专业和行业领域的国家战略、法律法规和相关政策，引导学生深入社会实践、关注现实问题，培育学生经世济民、诚信服务、德法兼修的职业素养。"现代物流管理概论"作为物流类专业的专业基础课，如何做到"寓价值观引导于知识传授和能力培养之中，帮助学生塑造正确的世界观、人生观、价值观"，打造培根铸魂、启智增慧的精品教材，是物流类专业教学的重要任务。

"现代物流管理概论"课程介绍

本书的建设团队是首批国家级职业教育教师教学创新团队，坚守为党育人、为国育才的初心，深度挖掘课程思政元素，将"两好一创"作为课程思政之魂融入教材，形成"社会担当""德技并修"和"降本增效"三个特色栏目，达到润物细无声的育人效果。

本书在内容的选择上突出"三学一用"，将课程中的核心概念融入案例启智，使学生有想学的动力；将服务业的理念融入物流劳模的人生故事，让学生有能学的路径；将物流服务标准融入数字化资源建设，让学生有乐学的场景；通过校企合作开发综合实训，让学生有学以致用的体验。

本书具有以下鲜明特点：

1. 知识传授、能力培养与价值观引导并重

将现代物流业中蕴含的爱国、诚信、守纪及安全、绿色、高效等思政元素挖掘出来，并将相关课程思政点融入教材对应的章节，形成"盐溶于水"的课程思政效果。引导学生在学知习技的过程中，形成正确的世界观、人生观和价值观。突出课程思政育人，正确处理了"育人"与"制器"的关系。同时，依据《职业院校教材管理办法》"扎根中国大地，站稳中国立场，充分体现社会主义核心价值观"的要求，精选中国企业案例和物流劳模的人生故事，系列设计"社会担当"和"德技并修"栏目，使之内化为学生成人成才的驱动力，推进"三全育人"，培养学生的责任意识和社会担当意识。

2. 体现物流行业的新政策、新趋势、新内容

本书汇聚了党的十八大以来物流职业教育改革发展的研究成果和物流行业发展的最新政策法规，帮助学生理解物流行业的国家政策，培养主动担当、胸怀"国之大者"的家国情怀。两业融合（即物流业与制造业融合发展）和降本增效是当前物流业发展面临的关键问题，本书通过校企双元合作，将学知习技与企业的降本增效结合起来，使教材改革与物流行业企业发展同频共振、与时俱进。

3. 实现了"一书一课一空间"的新形态一体化教材建设目标

与本书配套的在线开放课程"现代物流管理概论"已在爱课程平台"中国大学MOOC"开课5次，累计学习人数达到15 000人次，受到广泛好评。在线开放课程建设了微课、动画、视频、PPT课件、习题答案等类型丰富的数字化教学资源，扫描封面二维码，即可进入"现代物流管理概论"课程，进行在线学习；扫描前言边白处的二维码，即可观看该门课程的介绍视频，了解该门课程的设计思路与结构框架；扫描教材边白处的二维码，即可获取重要知识点、技能点对应的数字化教学资源，助力"互联网+"教学的实现。

本书由梁世翔、姬中英主编。编写人员和分工如下：第一章由梁世翔编写，第二章由王江、胡艳君、孙守成编写，第三章由杨晋编写，第四章由姬中英编写，第五章由代湘荣、刘伟、汪燕、王江、孙守成编写，第六章由汪燕、陈艳芳编写，第七章由梁世翔、赵征编写。全书由梁世翔统稿。本书的编写得到了武汉交通职业学院、高等教育出版社、全国物流行指委、天津港集团、九州通集团、华为技术有限公司、京东物流、中交集团、武汉经开港口有限公司、中外运湖北有限责任公司等单位的大力支持。同时，本书参考并引用了大量的文献资料和案例，在此一并表示衷心感谢！

由于时间及编者水平有限，书中难免存在疏漏和不足之处，恳请广大读者提出宝贵意见和建议，以使本书日臻完善。

编 者

2021年11月

目　录

01

Chapter

第一章

现代物流管理概述

知识目标

- 掌握物流的概念
- 熟悉物流的价值
- 掌握物流管理的概念和目标

技能目标

- 能够查阅物流政策文件
- 能够举例说明什么是物流
- 能够解释物流应具备的理念

素养目标

- 具有敬业精神、安全意识、创新意识、绿色发展意识、高效发展意识
- 能理解社会责任意识对物流人才和物流企业的重要性
- 具备物流人的职业操守，能提供安全、绿色、高效的物流服务

● 思维导图

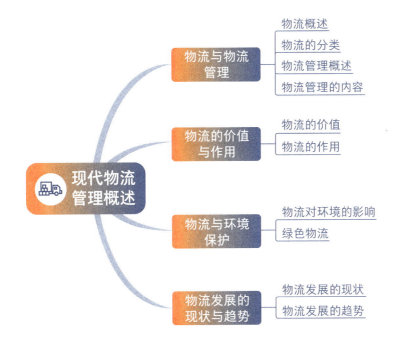

【引导案例】

钟南山院士团队的物流需求

　　新型冠状病毒性肺炎疫情（简称"新冠肺炎疫情"）暴发以后，确诊人数和死亡人数牵动着每个中国人的心。为抗击新冠肺炎疫情，在以习近平同志为核心的党中央的领导下，全国团结一心，共克时艰，开启了一场保卫人民群众生命安全和身体健康，保卫湖北、保卫武汉的疫情防控保卫战。疫情初期，多地封城断路，物流运行严重受阻。广大物流企业积极响应党中央、国务院及有关部门保通保畅的要求，知难而进，冲锋在前，积极参与抗疫物资和生活必需品的仓储、运输、分拨、配送，有效筑起了应急保供的"生命线"。

　　2020年1月31日晚，京东物流客服接到来自广州医科大学附属第一医院广州呼吸健康研究院钟南山院士团队工作人员的电话，该团队通过广东省钟南山医学基金会捐赠给武汉市汉口医院的100台制氧机需要紧急运往武汉，请求京东物流给予支持。京东物流收到钟南山院士团队的物流需求后，第一时间做出响应，紧急协调铁路、公路运力，采用铁路、公路联合运输的方式，将该批物资以最快的速度义务运抵武汉。2020年2月2日上午，100台制氧机准时运抵武汉市汉口医院，交由院方工作人员，如图1-1所示。在得知支援一线的急需医疗物资以最快的速度运抵医院后，钟南山院士致信京东物流表示感谢，如图1-2所示。

图1-1 制氧机运抵医院   图1-2 钟南山院士致信京东物流

案例思考：

1. 什么是物流？
2. 物流企业的社会责任是什么？

案例分析：

钟南山院士团队的物流需求反映的是一个物流问题。

制氧机为货品，广州为供应地，武汉为接收地，客户为武汉汉口医院。这一过程中包括运输方式——铁路、公路联运；储存——供应地仓库；包装——防撞；装卸、搬运——运输前装车、抵汉后卸货，以及在装车地和卸货地的移动；流通加工——为便于运输，将大包装改成小包装；配送——货物抵达武汉后送到急需制氧机的汉口医院；信息处理——京东物流公司紧急协调；从京东客服接到电话到制氧机运抵汉口医院，这个过程是一个系统工程，承担这一任务的企业——京东物流公司称为物流企业；完成这一任务需要发生费用——物流成本，但京东物流公司免费完成了全部物流工作，体现出中国物流企业在灾难面前的社会责任和担当。

第一节
物流与物流管理

物流的概念起源于20世纪30年代的美国，原意为"实物分配"。1963年被引入日本，意思是"物的流通"。我国的"物流"一词是从日文资料对"Logistics"一词的翻译引进而来的。1989年，"物流"一词在我国正式使用。

一、物流概述

（一）物流的定义

中华人民共和国国家标准《物流术语》（GB/T 18354-2021）将物流（logistics）定义为：根据实际需要，将运输、储存、装卸、搬运、包装、流通加工、配送、信息处理等基本功能实施有机结合，使物品从供应地向接收地进行实体流动过程。

动画
物流的概念

（二）物流的内涵

1."物"的内涵

物流中"物"在不同领域有不同的称呼。

（1）物资（materials）。在工业品生产资料领域，称为物资，专指生产资料，如基本建设中的钢材、木材、水泥等。

（2）货物（cargo或goods）。在交通运输领域，称为货物，如集装箱货物、散装货物、冷藏货物等。

（3）商品（commodity）。在商贸领域，称为商品，如服装、鞋帽等。

（4）物品（articles）。在日常生活领域，称为物品，如笔记本电脑、各种生活用品等。

《物流术语》（GB/T 18354-2021）将物品（也叫货物，goods）定义为：经济与社会活动中实体流动的物质资料。

2."流"的内涵

物流中的"流"泛指一切运动形态，有移动、运动、流动的含义。在物的实体流动过程中，水平位移体现为运输与配送，上下移动体现为装卸与搬运。

（三）现代物流理念

现代物流理念是指合理运用现代物流技术与方法，优化物流系统的结构与流程，以尽可能低的成本，实现准时、快捷、高效的物流服务。现代物流理念主要体现在以下几个方面：

1. 物流服务理念

物流服务是指为满足客户物流需求所实施的一系列物流活动过程及其产生的结果。物流服务理念是物流的核心理念。

2. 物流系统理念

物流系统是指在特定的社会经济大环境下，由所需位移的物资和包装设备、搬运装卸设备、运输工具、仓储设施、人员和通信联系方式等若干相互制约的动态要素所构成的具有特定功能的有机整体。在物流运行中存在着"二律背反"性，亦称"效益背反"性。整个物流合理化需要用总成本评价，这反映了物流是整体概念的重要性。

3. 精益物流理念

精益物流是指消除物流过程中的无效和无增值作业，用尽量少的投入满足客户需求，实现客户的最大价值，并获得高效率、高效益的物流。精益物流的特点如下：

（1）从顾客的角度，而不是从企业或职能部门的角度，来研究什么可以产生价值；

（2）按整个价值流确定供应、生产和配送产品中所有必需的步骤和活动；

（3）创造无中断、无绕道、无等待、无回流的增值活动流；

（4）及时创造仅由顾客拉动的价值；

（5）不断消除浪费，追求完善。

4. 物流价值与利润理念

1962年，美国著名管理学家彼得·德鲁克在《财富》杂志上发表了题为《经济的黑色大陆》一文，将物流比作"一块未开垦的处女地"。

根据发达国家的经验，随着市场竞争的加剧，在原材料、设备和劳动力成本压缩的空间趋于饱和后，对成本的控制将转向物流领域。

美国经营学家彼·特拉卡指出：物流是降低成本的最后边界。日本早稻田大学教授西泽修在《流通费用》一书中，把改进物流系统称为尚待挖掘的"第三利润源泉"；在《主要社会的物流战》一书中提出：现在的物流费用犹如冰山，大部分沉没在海底，可见费用只是露在海面的一小部分。

5. 一体化物流服务理念

《物流术语》（GB/T 18354−2021）将一体化物流服务（integrated logistics service）定义为：根据客户物流需求所提供的全过程、多功能的物流服务。一体化物流是以物流系统为核心的经由生产企业、物流企业、销售企业直至消费者的供应链的整体化和系统化。它是物流业发展高级而成熟的阶段。企业内的物流一体化管理是根据商品的市场营销动向决定商品的生产和采购，从而保证生产、采购和销售的一致性。物流被看作是企业与顾客和供应商相联系的能力，这个能力的强弱直接影响着企业的发展。

6. 联盟与合作理念

《物流术语》（GB/T 18354−2021）将物流联盟（logistics alliance）定义为：两个或两个以上的经济组织为实现特定的物流目标而形成的长期联合与合作的组织形式。20世纪80年代至90年代，为了物流复兴出现了"基于物流的联盟作为最可观的合作"的理念，发展物流联盟和广泛开展合作关系的思想已成为物流实践的基础。合作最基本的形式是发展有效的组织间联合作业，形成多种形式的业务伙伴关系。这一方面促使企业从外部寻求物流服务资源以提高效率，降低成本；另一方面促使两个或两个以上的物流供应商与物流需求商组织联合起来。

7. 绿色物流理念

《物流术语》（GB/T 18354−2021）将绿色物流（green logistics）定义为：通过充分利用物流资源、采用先进的物流技术，合理规划和实施运输、储存、装卸、搬运、包装、流通加工、配送、信息处理等物流活动，降低物流活动对环境影响的过程。

现代绿色物流管理强调了全局和长远的利益，强调对环境的全方位关注，体现了企业的绿色形象，是一种新的物流管理趋势。

二、物流的分类

（一）按物流范畴不同分类

按物流范畴不同，物流可分为社会物流和企业物流。

1. 社会物流

社会物流属于宏观范畴，包括设备制造、仓储、配送、装饰包装、运输、信息服务等。公共物流和第三方物流也属于社会物流，如新冠肺炎疫情下，粮食等基本生活物资和医疗物资的运输与配送。

2. 企业物流

《物流术语》（GB/T 18354–2021）将企业物流（enterprise logistics）定义为：生产和流通企业围绕其经营活动所发生的物流活动。企业物流属于微观物流的范畴，包括生产物流、销售物流、供应物流、回收物流和废弃物物流等。

（二）按物流作用领域不同分类

按物流作用领域的不同，物流可分为生产领域的物流和流通领域的物流。

1. 生产领域的物流

生产领域的物流贯穿生产的全过程。生产的全过程从原材料的采购开始，便要求有相应的供应物流活动，即采购生产所需的原材料；在生产的各工艺流程之间，需要原材料、半成品的物流过程，即生产物流。

2. 流通领域的物流

流通领域的物流主要是指销售物流。在当今买方市场条件下，销售物流活动带有极强的服务性，以满足买方的需求，最终实现销售。在这种市场前提下，销售往往送达用户并完成售后服务才算终止，因此，企业销售物流的特点便是通过包装、送货、配送等一系列物流实现销售。

（三）按物流发展的历史进程不同分类

按物流发展的历史进程不同，物流可分为传统物流、综合物流和现代物流。

1. 传统物流

传统物流的主要精力有时集中在仓储、库存管理和配送上，有时集中在仓储和运输方面，以弥补时间和空间上的差异。

2. 综合物流

综合物流不仅提供运输服务，而且提供许多协调服务，是对整个物流供应链的管理，如对陆路运输、仓储部门等一些分销商的管理，以及订单处理、采购等内容。综合物流与传统物流的区别在于精力多放在供应链管理上，责任更大，管理也更复杂。

3. 现代物流

现代物流是指为满足消费者需要而进行的从起点到终点的原材料、中间过程库存、最终产品和相关信息有效流动及储存计划、实现和控制管理的过程。它强调了从起点到终点的过程，提高了物流的标准和要求，是各国物流的发展方向。国际大型物流公司认为现代物流有两个重要功能：一是能够提高不同货物的流通质量；二是开发信息和通信系统，通过网络建立商务联系，直接从客户处获取订单。

（四）按提供服务的主体不同分类

按提供服务的主体不同，将物流分为代理物流和企业内部物流。

1. 代理物流

代理物流也叫第三方物流。根据《物流术语》（GB/T 18354-2021），第三方物流（third party logistics）是指由独立于物流服务供需双方之外且以物流服务为主营业务的组织提供物流服务的模式。

2. 企业内部物流

企业内部物流是指一个生产企业从原材料进厂后，经过多道工序加工成零件，再由零件组装成部件，最后组装成成品出厂。这种企业内部物资的流动称为企业内部物流。

（五）按物流的流向不同分类

按物流的流向不同，物流可分为内向物流和外向物流。

1. 内向物流

内向物流是企业从生产资料供应商进货所引发的货品流动，即企业从市场采购的过程。

2. 外向物流

外向物流是企业与消费者之间的货品流动，即企业将产品送达市场并完成与消费者交换的过程。

三、物流管理概述

（一）物流管理的定义

动画
物流管理的
概念

物流管理起源于第二次世界大战（简称"二战"）中军队输送物资装备所发展出来的储运模式和技术。二战期间，美国首先采用"物流管理"对军火的运输、补给、屯驻等进行全面管理，战后这些技术被广泛应用于工业界。《物流术语》（GB/T 18354-2021）对物流管理（logistics management）的定义为：为达到既定的目标，从物流全过程出发，对相关物流活动进行的计划、组织、协调与控制。物流管理示意图如图1-3所示。

图1-3　物流管理示意图

（二）物流管理的特点

物流管理以实现客户满意为第一目标；以企业整体最优为最终目标；以信息为中心；重效率，更重效果。简单来说，物流管理的目的就是把合适的产品以合适的数量和价格在合适的时间和地点提供给客户。

物流管理的初始阶段是配送管理，这个阶段主要针对企业的配送部门，成品生产出来后，经过配送中心如何快速而高效地把产品送达客户并且尽可能维持最低的库存量是主要目标。准确地说，这个阶段物流管理并未真正出现，有的只是运输管理、仓储管理和库存管理。

现代意义上的物流管理出现在20世纪80年代。在这个阶段，物流管理的范围扩展到需求预测、采购、生产计划、存货管理、配送与客户服务等，通过系统方法管理企业的物流运作，使整体效益最大化。例如，A公司的需求预测、原材料采购和运输环节通常叫作进向物流，原材料在工厂内部各工序间的流通环节叫作生产物流，而配送与客户服务环节叫做出向物流。物流管理的关键是系统管理从原材料、在制品到成品的全过程，以保证在最低存货条件下，物料畅通地买进、运入、加工、运出，并交付到客户手中。

四、物流管理的内容

（一）物流管理的内涵

物流管理是以满足客户需求为目的，应用管理的基本原理和科学方法，对物流活动进行计划、组织、指挥、协调、控制和监督，使各项物流活动实现最佳的协调与配合，以降低物流成本，提高物流效率和经济效益。

（二）物流管理的内容

物流管理的内容包括三个方面：

1. 物流活动诸要素的管理

物流管理是近20年来在国外兴起的一门新学科，它是管理科学新的重要分支。随着生产技术和管理技术的提高，企业之间的竞争日趋激烈，人们逐渐发现，企业在降低生产成本方面的竞争似乎已经走到了尽头，产品质量的好坏也仅仅是一个企业能否进入市场参加竞争的敲门砖。这时，竞争的焦点开始从生产领域转向非生产领域，转向过去那些分散的、孤立的、被视为辅助环节而不被重视的环节，如运输、存储、包装、装卸、流通加工等物流活动领域。

2. 对物流系统诸要素的管理

对物流系统诸要素的管理是指对人、财、物、设备、方法和信息六大要素的管理。实施物流管理的目的就是要在总成本尽可能低的条件下实现既定的客户服务水平，即寻求服务优势和成本优势的动态平衡，并由此创造出企业在竞争中的战略优势。

3. 对物流活动中具体职能的管理

物流活动的具体职能主要包括物流计划、质量、技术、经济等职能的管理。物流管理强调运用系统方法解决问题。现代物流通常被认为是由运输、存储、包装、装卸、流通加工、配送和信息等环节构成的。企业的物流管理不仅要注重经济效益，而且要注重社会效益，履行社会责任。

【社会担当】
风雨同舟，共克时艰

积极履行社会责任是企业良好的基本素质，这既是顺应经济社会发展趋势的外在要求，也是提升企业可持续发展能力的内在需求。企业在战略引领下，将履行社会责任与企业发展战略有效对接，并将其融入企业生产经营的各个方面，努力打造受人尊敬的品牌，这是企业的不懈追求。

新冠肺炎疫情期间，京东物流勇于担当作为、日夜驰援，源源不断地将应急物资送至抗疫前线，同时保民生、不停业，保障居民基本寄递需求和日常生活所需，提振了居民战胜疫情的信心。在各级政府的大力支持下，京东物流克服疫情期间封路、封城、封村对物流的影响，面向注重寄送时效的用户，提供时效快速、准时稳定的"特准运"服务；面向对服务性价比要求较高的用户，提供价格实惠、安全可靠的"特惠运"服务；面向有整车货物运输需求的客户，提供"整车直达"的高性价比服务。京东快运（京东物流子公司）已形成"特准运""特惠运"与"整车直达"三大服务。京东快运依托多年积累的多式联运资源，灵活调配公路、铁路、航空等多种运输方式，及时高效地帮助客户完成救援物资的运输。针对全国各地急需的防疫物资运输，京东快运发布了专项运营保障方案，不仅提出10分钟响应、2小时揽收完毕的极速响应方案，而且对所有运输流转环节实现系统化的线上操作，做到统一调配、专车揽收、专人跟进与专车直送，确保防疫物资优先、平稳、高效地送达指定接收单位。

在疫情防控的常态下，京东物流在各级党委和政府部门的指导下，发挥供应链、物流、技术、服务等方面的优势，全力支持全国的抗疫战役，保障供应，力争为统筹疫情防控和经济社会发展做出更多、更大的贡献。

▌第二节
▌物流的价值与作用

一、物流的价值

（一）物流的空间价值

物流的价值包括物流的空间价值、时间价值和附加价值。

1. 空间价值的概念

"物"从供给地到需求地之间有一段空间距离。供给者和需求者之间往往处于不同的空间，为改变这一空间距离弥补空间差而创造的价值称为"空间价值"，如图1-4所示。

动画
物流的价值

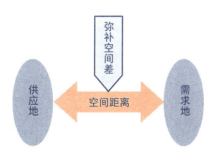

图1-4 空间价值示意图

2. 运输创造空间价值

通过运输将产品从供应地运送到需求地，延伸了产品的市场区域界限，弥补了空间距离，对产品和服务的这种增值作用就是空间价值。物流的空间价值由运输创造。例如，将农产品从武汉运到上海。

（二）物流的时间价值

1. 时间价值的概念

"物"从供给者到需求者之间有一段时间间隔。供给者和需求者之间往往处于不同的时间，为改变这一时间差而创造的价值称为"时间价值"，如图1-5所示。

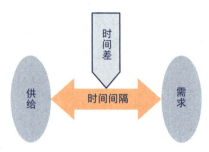

图1-5　时间价值示意图

2. 仓储创造时间价值

产品和服务不仅要在客户需要的地点得到，而且必须在他们需要的时间内得到，这就称为时间价值，即对产品或服务的增值是通过在特定时间、在特定的需求地点得到产品或服务来实现的。一方面，企业物流要通过运输来改变产品的位置，同时产生产品的时间价值；另一方面，时间价值强调减少备货时间，在当今激烈的市场竞争中，时间价值显得越来越重要。

3. 时间价值的创造形式

（1）缩短物流时间创造时间价值。缩短物流时间可以获得多方面的好处，如减少物流损失、降低物流消耗、加速货物周转、及时满足市场需要、节约资金等。

（2）弥补时间差创造时间价值。由于需求和供给不对称性和不均衡性的存在，经济社会中普遍存在着需求和供给时间差。物流通过仓储、选址策略和服务活动等手段来弥补、改变时间差，以保持并充分实现物品的价值。

（3）延长时间差创造时间价值。一般来讲，这是一种特例，不是普遍现象。例如，白酒储存时间越长越值钱。再如，农产品丰收后，储存到第二年消费，通过仓储弥补生产者和消费者时间上的不一致，创造了时间价值。

（三）物流的附加价值

物流支撑着经济生活中的大多数交易行为，这是所有商品交易得以实现的重要保障。正是有了物流活动的保障，交易行为才能在正确的时间和空间内得以实现。虽然物流本身不能直接创造使用价值，但其有利于保障使用价值的创造和实现，进而增加社会效益。

1. 附加价值的概念

物流的一个重要特点是根据自己的优势从事一定的补充性加工活动，虽然只是从事商品的完善、补充和增加性质的加工活动，但这种活动必然会形成劳动对象的附加价值。

加工附加价值原本是指通过生产、制造或组装过程实现对商品的增值，这并非物流的职能，但有时物流也可以创造加工附加价值。虽然在创造加工附加价值方面物流不是主要承担者，其所创造的价值也不能与时间价值和空间价值相比，但物流的附加价值是现代物流区别于传统物流的重要特征。

2. 流通加工创造附加价值

附加价值主要通过流通加工产生。借助分装和产品搭配组合等物流活动，完善、补充、增加性质的物流加工活动，改变了装运规模和包装特点，使不同的原材料按照技术要求改变产品形态，产生加工价值。

3. 附加价值的创造形式

（1）完善性质的流通加工创造附加价值。许多产品在生产领域只能加工到一定程度，这是由于许多因素限制了生产领域，不能完全实现终极加工。例如，钢铁厂的大规模生产只能按照标准规格生产，以使产品有较强的通用性，使生产有较高的效率和效益；木材如果在产地成材并制成木制品的话，就会造成运输的极大困难，所以在生产领域只能加工到原木、板材、方材的程度，进一步的下料、切裁、处理等加工由流通加工价值。

流通加工实际上是生产的延续，是生产加工的深化，对弥补生产领域加工不足具有重要意义。

（2）补充性质的流通加工创造附加价值。从需求角度看，需求存在着多样化和变化性两个特点。为了满足这种要求，经常是用户自己设置加工环节。例如，生产消费型用户的再生产往往从原材料初级加工开始。

就用户来讲，现代生产的要求是生产型用户能尽量减少流程，集中力量从事较复杂的、技术性较强的劳动，而不是将大量初级加工包揽下来。这种初级加工带有服务性，由流通加工来完成，生产型用户可以缩短生产流程，使生产技术密集程度提高。

对一般企业而言，补充性质的流通加工可省去烦琐的预加工，便于自己集中精力从事较高级的、能直接满足需求的劳动。

（3）增加性质的流通加工创造附加价值。在物流过程中，从开始到用户投入使用前都存在着对产品的保护问题，防止产品在运输、储存、装卸、搬运、包装等过程中遭受损失，使商品的使用价值得以顺利实现。与前两种加工不同，这种加工并不改变进入流通领域的"物"的外形及性质，主要采取稳固、改装、冷冻、保鲜、涂油等方式。

有一些产品本身的形态使之难以进行物流操作。例如，鲜鱼的装卸、储存操作困难，过大的设备搬运、装卸困难，气体物运输、装卸困难等。进行流通加工（如鲜鱼冷冻、过大设备解体、气体液化等）可以使物流各环节易于操作，这种加工往往改变了"物"的物理状态，但并不改变其化学特性，最终仍能恢复"物"的物理状态。

二、物流的作用

物流的作用可概括为服务商流、保障生产和方便生活。

（一）服务商流

在商贸活动中，采购合同签订后，合同标的物（即商品）的所有权便由供应方转移到了需求方，但商品实体并没有因此而移动。除了非实物交割的期货交易，一般的商流都必须伴随相应的物流过程，也就是按照需求方（买方）的需求将商品实体由供应方（卖方）以适当的方式和途径向需求方转移。在这一过程中，物流实际上是以商流的伴随者和服务者身份出现的。没有物流的作用，商流活动就没有意义。电子商务的发展需要物流的支持，就是这个道理。

（二）保障生产

生产过程的正常进行离不开原材料的供应。从原材料的采购开始，便要求有相应的物流活动支撑，将所采购的原材料供应到位，否则整个生产过程就会中断；在生产的各工艺流程之间，也需要原材料、半成品的物流过程，实现生产的流动性和自动化。从整个生产过程来讲，通过发挥物流在降低原材料的运输费用、优化库存结构、减少库存资金占用和积压、强化管理、提高效率等方面的作用，保障生产，提高效率，促进整个社会经济水平的提高。

（三）方便生活

人们对美好生活的向往与物流密切相关。生活的每个环节都有物流的存在。例如，通过国际运输，不同国家的消费者可以穿上世界各地品牌的服装；通过冷链物流，人们可以吃上任何季节的水果蔬菜；通过细致周到的搬家服务，人们可以轻松愉快地乔迁新居；多种形式的行李托运服务，可以让人们在旅途中享受便利。总之，物流能使人们的生活更美好、更轻松，物流从业者要坚守为人民服务的初心和使命。

【德技并修】

坚守为民服务的初心——最美快递小哥宋学文

宋学文是北京京东世纪信息技术有限公司北京鼎好配送站站长。宋学文大专毕业后当过工人，做过物业主管，也有过创业经历，2011年加入京东物流，成为中关村鼎好营业部的一员，负责当地的快递配送服务。他干一行爱一行，做大多数人嫌麻烦、不愿意做的事，不忘初心，时刻保持对工作的热爱，在平凡的岗位上充分发挥自己的价值。他坚守为民服务的初心，创新快递配送方式：每天上午，他依照货品大小堆码，大件在下，小件在上，紧急的放在明显的位置；下午再依照收货公司、收货人的下班时间理货。把下班较晚的收件人的货物放下面，下班较早的收件人的货物放上面。同时，他定期统计和分析客户的购物需求和特殊需求，根据货物的轻重缓急，决定装车方式和配送路线。

从快递员到站点助理再到站长，现在像师傅一样带着17个同事，负责中关村地区的配送。在疫情期间，他和站点的同事们每天从大量的包裹中优先挑选出消毒液、口罩和药品，以最快的速度先行配送；让每个人随时带着消毒液和湿巾，当有人来取货时，先仔细消毒再递上。

奋斗是劳动者最美的底色。在宋学文从事快递员工作的10年间，我国快递员从60万人猛增至400余万人，年快递包裹量从37亿件增长到2020年超过740亿件，快递员已成为广大劳动群众的重要组成部分。尤其是在疫情期间，无数快递员不惧危险和疲惫，用坚守彰显劳动者的价值。随着物流业的高速发展，智能设备及技术逐渐在行业中得到应用，2019年，宋学文向京东物流主动申请学习无人机配送操作，并将所学和自己多年积累的经验投入工作中。除了每日细心做好客户服务外，他希望自己能够学到更多，为消费者提供更加便捷的服务。

宋学文坚守为人民服务的初心，10年来骑行32余万千米，运送包裹30万件，创下了零误差、零投诉、零安全事故的好成绩。2017年，他荣获全国"五一"劳动奖章、首都劳动奖章、月度北京榜样称号。2018年，获评第三届全国最美快递员称号。2019年国庆节阅兵时，他经历了人生中最难忘的一刻——他和同行业的快递小哥们骑上电动车，背上快递箱，骄傲地走过天安门。2020年，他再次荣获"全国劳动模范"称号。

【问题与思考】

物流从业人员在日常生活中应如何更好地服务社会？

【内化与提升】

物流与人们的生产、生活密切相关，服务商流、保障供应、方便生活。物流从业人员必须具有服务理念，在物流服务上要坚守人民至上的立场，不断满足人民群众对物流服务的期待。物流要从客户的根本利益出发，追求客户满意，回应客户期待，满足客户需求。要自觉站在客户立场上想问题，作决策，处理好与客户的关系，爱岗，敬业，讲诚信，守法纪，为客户创造价值，提高客户满意度和客户黏度。

第三节
物流与环境保护

一、物流对环境的影响

物流对环境的影响主要表现在：废气对空气、水的污染；噪声对人的精神、情绪、健康的影响；震动对人的影响；运输过程产生的扬尘对人的生活环境、卫生状况造成的影响；交通事故造成的有毒、有害物泄漏对人与环境造成的伤害等。

（一）废气排放
物流工具（尤其是货运汽车）废气排放是严重损害环境的因素。汽车尾气排放已是城市环境污染的第一大因素。汽车尾气的正常排放对环境的破坏作用已经非常明显，更何况还有不少汽车限于技术或其他因素造成的超标准排放，带来更为严重的环境问题。

汽车尾气排放的主要污染物是铅污染，同时一氧化碳、氮氧化物、碳氢化合物、臭氧的排放物污染也很严重。尤其是铅污染，由于铅是有毒物质，半衰期又很长，会引起铅中毒，是需要着力防止的问题。

（二）噪声污染
噪声污染主要来自火车、货运卡车等大型车辆。和废气、废液污染不同，噪声污染一般只造成局部的环境问题。噪声污染的受害对象主要是人的生理和情绪。

（三）震动
火车、汽车在行驶时，车体与地面的撞击会产生震动，飞机起飞、降落及飞行也会造成空气的震动。震动往往和噪声同时发生，通过空气和地面的传播可以引起门窗、室内器物的反应，从而对人造成影响。

（四）扬尘
物流过程中产生的扬尘污染主要来自两方面：一是汽车在低等级路面行驶，造成路面上尘土飞扬，这在欠发达地区，尤其是小城镇和农村地区经常出现；二是粉体类货物在流转过程中，由于物流过程管理粗放造成扬尘，如粉状物、煤炭、矿石等在运输和装卸过程中出现扬尘。

扬尘污染一是会造成建筑物的表面蒙尘，并逐渐侵蚀建筑物表面，使表面质量下降，尤其是腐蚀性扬尘对建筑物表面危害更大；二是对人的生活环境、卫生状况造成影响；三是使人吸入粉尘后造成对健康的影响，尤其对长期处于扬尘环境中的人来说，影响更为严重。

（五）有毒、有害物的污染

除了汽车尾气、粉尘中包含有毒、有害物以外，物流过程中的事故，尤其是装运有毒物的设备和有毒物储存仓库的事故，会造成有毒物大面积扩散，从而形成严重的环境污染。即使不是由于事故引起的有毒物污染，在有毒物的物流过程中，也会经常出现和环境接触的问题，从而造成一定程度的污染。

物流机械、装备、工具所使用的燃料、添加剂、润滑材料、防护涂料等在使用过程和设备清洗过程中通过废物排放，也会对环境造成污染。

二、绿色物流

（一）绿色物流的概念

绿色物流在物流过程中抑制物流对环境造成危害的同时，实现对物流环境的净化，使物流资源得到充分利用。绿色物流包括物流作业环节和物流管理过程的绿色化。从物流作业环节来看，包括绿色运输、绿色包装、绿色流通加工等。从物流管理过程来看，主要是从环境保护和节约资源的目标出发改进物流体系，既要考虑正向物流环节的绿色化，又要考虑供应链上逆向物流体系的绿色化。绿色物流的最终目标是可持续性发展，实现该目标的准则是经济利益、社会利益和环境利益的统一。绿色物流使物流资源得到充分利用。从管理学的角度讲，绿色物流是指为了实现顾客满意，连接绿色需求主体和绿色供给主体，克服空间和时间限制的有效、快速的绿色商品和服务的绿色经济管理活动过程。绿色物流里的"绿色"是一个特定的形象用语，泛指保护地球生态环境的活动、行为、计划、思想和观念在物流及其管理活动中的体现。

（二）绿色物流的内涵

1. 集约资源

这是绿色物流的本质内容，也是物流业发展的主要指导思想之一。通过整合现有资源，优化资源配置，企业可以提高资源利用率，减少资源浪费。

2. 绿色运输

运输过程中的燃油消耗和尾气排放，是物流活动造成环境污染的主要原因之一。因此，要想打造绿色物流，首先要对运输路线进行合理布局与规划，通过缩短运输路线、提高车辆装载率等措施，实现节能减排的目标。另外，还要注重对运输车辆的养护，使用清洁燃料，减少能耗及尾气排放。

3. 绿色仓储

绿色仓储一方面要求仓库选址要合理，有利于节约运输成本；另一方面要求仓储布局科学，使仓库得以充分利用，实现仓储面积利用最大化，减少仓储成本。

4. 绿色包装

包装是物流活动的一个重要环节，绿色包装可以提高包装材料的回收利用率，有效控制资源消耗，减少环境污染。

5. 绿色流通加工管理

流通加工是指在流通过程中继续对流通中的商品进行生产性加工，以使其成为更加适合消费者需求的最终产品。流通加工具有较强的生产性，也是流通部门对环境保护大有作为的领域。

绿色流通加工的途径主要分为两个方面：一是变消费者分散加工为专业集中加工，以规模作业方式提高资源利用效率，以减少环境污染；二是集中处理消费品加工中产生的边角废料，以减少消费者分散加工所造成的废弃物污染。

6. 产品绿色设计、绿色包装和标识

绿色物流建设应该起源于产品设计阶段，用产品生命周期分析等技术提高产品整个生命周期中环境的绩效，在推动绿色物流建设上发挥先锋作用。包装是绿色物流管理的一个重要方面，乳白色塑料造成的污染已经引起社会的广泛关注，过度的包装造成了资源的浪费。

（三）绿色物流的意义

1. 落实新发展理念，建立美丽中国的重要举措

绿色物流具有创新、协同、共赢、开放、绿色等特征，以创新发展推进绿色物流，有利于加速产业融合、深化社会分工、提高集成创新能力，有利于建立供应链上下游企业合作共赢的协同发展机制，有利于建立覆盖设计、生产、流通、消费、回收等各环节的绿色产业体系，是打赢蓝天保卫战、建设美丽中国的重要举措。

2. 推动供给侧结构性改革，建设生态文明的重要抓手

绿色物流通过资源整合和流程优化，促进产业跨界和协同发展，有利于加强从生产到消费等各环节的有效对接，降低企业经营和交易成本，促进供需精准匹配和产业转型升级，全面提高节能减排，最大限度地降低物流成本，是推动企业改革，提高物流服务质量，建设生态文明的重要抓手。

3. 参与全球治理，提高国际竞争力的重要载体

推进绿色物流发展，加强与伙伴国家和地区之间的合作共赢，有利于我国企业更深、更广地融入全球物流和环境治理体系，推进"一带一路"建设落地，打造全球利益共同体和人类命运共同体。建立并遵循基于绿色物流的新规则，有利于提高我国在全球经济治理中的话语权。

4. 增强企业的社会责任，提升企业的核心竞争力

绿色物流有利于增强企业的社会责任感和竞争力。企业在追求利润的同时，还应树立良好的企业形象和企业信誉，履行社会责任。发展绿色物流有利于提高企业的美誉度，增强其品牌价值和寿命，延长产品的生命周期，增强企业的核心竞争力。

5. 引领创新，推动企业的可持续发展

绿色物流是物流行业发展壮大的根本保障。物流行业发展一定要与经济社会的可持续发展相适应，人类的经济活动绝不能因物流而过分消耗资源、破坏环境，甚至造成重复污染。目前，许多国际组织和世界各国相继制定并出台了与环境保护和资源保护相关的协议及法律体系。我国也相继出台了推动绿色物流发展的相关政策，如鼓励清洁车辆在物流领域的应用，分阶段、分步骤引导不达标车辆退出市场；大力推广绿色物流技术，开展绿色物流、绿色配送、绿色仓储、绿色包装等科技攻关，支持液化天然气车辆、仓库屋顶太阳能发电等绿色装备设施的应用，鼓励托盘循环共享、集装箱多式联运、挂车共享租赁等绿色装备设施共享等。因此，选择并发展绿色物流是物流企业乃至物流行业可持续发展的根本保证，也是企业降本增效的重要途径。

【降本增效】
践行两山理念——京东青流计划在行动

为响应党的十九大提出的打好防范化解重大风险、精准脱贫、污染防治三大攻坚战的号召，同时进一步推动落实联合国《2030年可持续发展议程》，京东物流践行"绿水青山就是金山银山"的理念（简称"两山理念"），实施青流计划。青流计划是指2017年6月，京东物流联合九家物流企业共同发起绿色供应链行动，京东物流与供应链上下游合作，共同探索在包装、仓储、运输等多个环节实现低碳环保和节能降耗。同年11月，京东物流进一步整合、协同更多的社会优势资源，成立"京东物流绿色基金"，先期投入10亿元来加速物流行业的绿色升级。2018年5月25日，京东集团宣布全面升级青流计划，从聚焦绿色物流领域上升为整个京东集团的可持续发展战略，从关注生态环境扩展到人类可持续发展的相关"环境（Planet）""人文（People）"和"经济（Profits）"的全方位内容。2020年12月23日，京东物流联合山东广播电视台在山东共同发起环保公益活动"青流计

划——旧纸壳换苹果"。三个旧纸箱即可兑换一个苹果，以此倡导消费者进行有责任的消费。目前，我国快递业务量已连续6年位居世界第一位，快递业每年消耗的纸类废弃物超过900万吨、塑料废弃物约180万吨，对环境造成的影响不容忽视。消费者对青流计划节能减排、低碳消费、生态环保、可持续发展的公益理念表示支持与赞同。未来，京东物流还将继续以青流计划为依托，秉承"与行业共生、与环境共存"的理念，积极担当，努力作为，不断以突出的实际行动引领全行业履责，建立全球商业社会可持续发展的健康生态。

【问题与思考】

京东物流的青流计划是降本增效的举措吗？为什么能得到消费者的广泛支持？

【内化与提升】

自觉践行"两山理念"，主动融入新发展格局，着力降本增效，是推进物流业高质量发展的客观需要。改革开放40多年来，我国物流业发展取得了历史性成就，但物流业在发展过程中产生的各类环境污染问题已成为民生之患、民心之痛，甚至严重危害了人民群众的身体健康。人民群众对干净的水、清新的空气、安全的食品、优美的环境等的要求越来越高。践行两山理念，就是积极回应人民群众所想、所盼、所急，在物流过程中，把生态文明建设摆在全局工作的突出地位，改变以破坏环境为代价的物流发展方式，引导企业在产品设计、制造等环节充分考虑其生命周期中的物流跟踪管理，推动产品包装和物流器具绿色化、减量化、可循环。国家市场监督管理总局、中华人民共和国国家邮政局（简称"国家邮政局"）等8部门联合印发《关于加强快递绿色包装标准化工作的指导意见》提出：到2022年，全面建立严格有约束力的快递绿色包装标准体系，逐步完善标准与法律政策协调配套的快递绿色包装治理体系，支撑快递包装绿色化、减量化、可循环取得显著成效。

第四节
物流发展的现状与趋势

我国物流业起步较晚，随着国民经济的快速发展，物流业保持了较快增长，物流体系日益完善，逐步走向成熟。同时，物流业与宏观经济运行密切相关，会随着宏观经济周期的变化出现波动。2020年，受新冠肺炎疫情的影响，全球经济陷入衰退，贸易大幅萎缩。我国率先控制住疫情，实现了GDP和对外贸易总额的正增长，物流运行总体平稳。

一、物流发展的现状

微课
中国物流发展现状

（一）物流产业规模平稳增长

2020年，我国GDP首次突破100万亿元，同比增长2.3%，成为全球唯一实现经济正增长的主要经济体。2020年社会物流总额为300.1万亿元，按可比价格计算，同比增长3.5%。2020年社会物流总费用14.9万亿元，同比增长2.0%。社会物流总费用与GDP的比率为14.7%，与上年基本持平。物流业加速发展为我国成长为世界第二大经济体和第一大贸易国提供了有力支撑，对产业升级、流通业改革、发展方式转变和人民生活改善发挥了重大作用。2020年，统筹疫情防控和经济社会发展取得重大成果，物流运行持续稳定恢复。

（二）现代物流服务体系基本建立，多业融合深度发展

从改革开放初期第一家现代意义上的物流企业成立至今，全国物流相关法人单位数已近40万家。物流企业服务能力进一步提高，为打通供应链、协调产业链、创造价值链提供了重要保障。2020年，我国物流企业50强实现物流业务收入1.1万亿元，同比增长15%，第50名企业的物流营业收入超过37亿元，同比增长19%。物流企业与汽车、家电、电子、医药、冷链、烟草、化工、冶金、电商、零售等制造、商贸流通业深度融合，形成一批专业能力强、服务质量高的品牌标杆。

（三）物流基础设施补短板，网络覆盖全国

1. 物流运输设施网持续优化

2020年，交通领域的固定资产投资完成3.48万亿元。铁路营业里程超过14.63万千米，高速公路通车里程16.9万千米，沿海万吨级泊位2 520个，各类物流园区超过1 600个。

2. 物流企业网络和国际物流网络建设力度加大

主要快递快运企业基本建成覆盖城市和农村的快递物流服务网络。物流海外仓和国际仓加快网络建设。物流网络成为"一带一路"的重要支撑，沿线物流通道和枢纽布局建设力度加大。

3. 中欧班列逆势增长，稳定国际供应链和产业链

2020年，面对新冠肺炎疫情的冲击，在国际海运和空运不同程度受阻的情况下，中欧班列发挥其国际铁路联运的独特优势、逆势上扬，保障国际供应链和产业链稳定并助力全球共同抗疫。2020年，中欧班列全年开行12 406列，同比增长50%，首次突破1万列，是2016年开行量的7.3倍，共运送货物113.5万标准箱，累计发送国际合作防疫物资931万件、7.6万吨。从运营质量上看，中欧班列重载运输，尤其是回程重载运输有较大改善，综合重箱率达98.4%，同比提高4.6个百分点，其中回程重箱率同比提高9.3个百分点。

中欧班列以其安全快捷、受自然环境影响小的优势，已成为我国直通欧洲、中亚的陆上通道，正改变着我国的外贸格局。

4. 协同物流网络

物流通道和园区枢纽联动融合，覆盖全国和全球的"通道+枢纽+网络"的协同物流网络正在形成。

中欧班列通道不仅连通欧洲及沿线国家，也连通东亚、东南亚及其他地区；不仅是铁路通道，也是多式联运走廊。未来几年，我国将建设国家物流枢纽城市127个，建立6种类型的国家物流枢纽。其中，陆港型41个，港口型30个，空港型23个，生产服务型47个，商贸服务型55个，陆上边境口岸型16个。

（四）智慧物流技术得到广泛应用

物联网、云计算、移动互联网、大数据等新一代信息技术在物流业的广泛应用，推动物流模式不断创新。物流业顺应智能制造、服务制造的新要求，主动适应"制造强国"所需要的供应链服务。2018年，中华人民共和国商务部（简称"商务部"）等7部门与中国物流与采购联合会开展供应链创新与应用试点，55个城市列入试点城市，266家企业纳入试点企业名单。越来越多的制造、商贸和物流企业加快向供应链的转型发展。2020年8月22日，为贯彻落实党中央、国务院关于推动高质量发展的决策部署，做好"六稳"工作，落实"六保"任务，进一步推动物流业制造业的深度融合和创新发展，推进物流业降本增效，促进制造业转型升级，中华人民共和国国家发展和改革委员会（简称"发改委"）、中华人民共和国工业和信息化部（简称"工信部"）等14个部门和单位研究制定了《推动物流业制造业深度融合创新发展实施方案》（简称《实施方案》）。《实施方案》坚持"问题导向和发展导向并举"，提出统筹推动物流业降本增效提质和制造业转型升级，促进物流业制造业协同联动和跨界融合，延伸产业链，稳定供应链，提升价值链，为实体经济的高质量发展和现代化经济体系建设奠定坚实基础。

（五）物流业营商环境持续改善

2020年，新冠肺炎疫情加剧了全球经济脱钩断链的风险，全球产业链、供应链因非经济影响面临冲击，我国物流枢纽与应急响应体系、国际航空货运等领域的运营与供给面临挑战。物流是复工复产及保障国家产业安全的关键力量，发改委、中华人民共和国交通运输部（简称"交通运输部"）出台了《关于进一步降低物流成本的实施意见》，发改委出台了《关于促进枢纽机场联通轨道交通的意见》，商务部等部门联合印发了《关于进一步做好供应链创新与应用试点工作的通知》，交通运输部发布了《关于统筹推进疫情防控和经济社会发展交通运输工作的实施意见》等文件，提出要培育骨干物流企业，鼓励大型物流企业市场化兼并重组，提高现代供应链发展水平。

（六）物流人才队伍加速成长

1. 物流业从业人员

物流业吸纳就业能力不断增强，从业人员快速增长。2019年年末，我国物流从业人员达到5 191万人，比2016年增长了3.6%，年均增长0.9%，成为服务业就业的主渠道之一。

2. 物流教育

我国610多所本科院校和近2 000所中高职院校开设了物流专业，在《职业教育专业目录（2021年）》中，中职、高职、职教本科共16个物流类专业，新增2个专业，更名5个专业，调整归属3个专业，调整归属合并到其他专业1个专业，调整后的《职业教育专业目录》结构更合理，兼顾了新型产业发展和传统产业转型升级的需求。

（七）行业基础性工作不断完善

完善物流标准体系，对不适应国民经济运行和行业发展需要的标准进行修订、转化或废止。深入推进物流标准化试点示范和供应链体系建设试点等工作，加强已发布物流标准在物流领域相关试点中的示范应用，提升物流标准化水平。支持具备条件的物流企业标准上升为行业标准和国家标准。

二、物流发展的趋势

（一）定制化

物流的短链化使品牌商能够直接与消费者连接。物流可以全面洞察和分析消费者需求，并据此精准设计能够满足消费者需求的物流服务。给消费者带来更多个性化的物流体验。同时，将消费分析反向输出给品牌商，促使上游精准供应、精准营销、精准服务，推动整个供应链体系优化升级。

一方面，未来物流的业务组织将打开业务环节之间的强耦合关系，使之成为一个个可拆分、可配置、可组装的插件。通过对多个可选插件的个性化组合，满足不同客户的独特需求。另一方面，未来物流的短链化会促使各参与方直接、高效对接，信息得以在物流系统内迅速传递、分析和决策，避免多环节、长链条带来的信息滞后和损失。同时，未来物流将推动整个供应链变得更加柔性化，能够适应不断变化的需求所带来的不确定性和风险。

（二）智慧化

新一轮科技革命将推动互联网与物流业深度融合，智慧物流迎来发展机遇期。现代信息技术和智能装备的大规模深度应用，将推动物流数字化、在线化、协同化、个性化和智能化。预计未来5～10年，物联网、云计算、大数据等新一代信息技术将进入成熟期，全覆盖、广连接的物流互联网将加快形成，物流数字化程度将显著提升，众包、众筹、共享等新的分工协作方式将得到广泛应用，人工智能技术将快速迭代，物流机器人将赋能物流，推动物流社会化、专业化，提升物流信息化、标准化、网络化、智慧化水平，形成高效便捷、通达顺畅、绿色安全的现代物流服务体系。

（三）协同化

全面部署现代供应链发展工作的政策环境，推动在现代供应链领域培育新的增长点，形成新动能。现代物流将延伸服务链条，有效引导生产模式适应消费者和客户个性化和多样化的升级需求，推动物流业与上下游企业战略合作，未来供应链与互联网深度融合，以智能技术倒逼物流产业链各环节强化供应链协同，打造智能协同的智慧供应链体系，构建协同共享的物流生态圈。

（四）平台化

我国物流行业已转向高质量发展阶段。在转换过程中，物流行业平台化发展已成为新时代推动中国物流行业发展的新动能，为转变发展方式、优化产业结构、转换增长动力提供了新引擎。

（五）绿色化

绿色物流的政策措施将得到全面实施，绿色低碳物流将得到大力发展。

未来3～5年自然环境与政策措施将倒逼绿色物流加快发展。调整运输结构的相关政策将陆续出台，节能降耗、新能源替代、可再生资源利用、减量化包装技术、带板运输、共同配送、多式联运、逆向物流等绿色物流模式将进入快速发展期，为美丽中国贡献力量。

（六）国际化

单元化物流、多式联运、冷链物流、城乡配送和港航服务将得到大力发展；物流基础设施建设、重点物流节点城市综合枢纽功能将得到重点发展，交通与物流融合发展，物流衍生服务、国际物流大通道和境外仓布局将得到大力发展。

【同步测试】

一、单项选择题

1. 以下不属于物流的作用的是（　　）。
   A. 服务商流　　　B. 保障生产　　　C. 方便生活　　　D. 改善产业结构

2. 通过多种运输方式将农产品从产地运往销地是（　　）的反映。
   A. 附加价值　　　B. 空间价值　　　C. 时间价值　　　D. 占有价值
3. 物流中"物"的特点是（　　）。
   A. 不可移动性　　B. 可移动性　　　C. 非物质性　　　D. 以上都对
4. 下列活动不属于物流活动的是（　　）。
   A. 仓库选址、存储　　　　　　　　　B. 坐飞机行李托运
   C. 救灾药品、食品和物品的输送　　　D. 网上转账购买网课
5. 以下不属于物流的作用的是（　　）。
   A. 国家的综合国力　　　　　　　　　B. 城市的发展
   C. 企业的核心竞争力　　　　　　　　D. 以上都不对

二、多项选择题

1. 物流管理要实现的目标有（　　　　　）。
   A. 合适的条件　　B. 合适的数量　　C. 合适的商品　　D. 合适的质量
2. 按物流范畴不同，物流可分为（　　　　　）。
   A. 社会物流　　　B. 行业物流　　　C. 企业物流　　　D. 国际物流
3. 按物流的流向不同，物流可分为（　　　　　）。
   A. 外向物流　　　B. 区域物流　　　C. 内向物流　　　D. 地区物流
4. 按物流发展的历史进程不同，物流可分为（　　　　　）。
   A. 传统物流　　　B. 微观物流　　　C. 综合物流　　　D. 现代物流
5. 物流的价值包括（　　　　　）。
   A. 物流的空间价值　　　　　　　　　B. 物流的附加价值
   C. 物流的时间价值　　　　　　　　　D. 物品的占有价值

三、判断题

1. 第三方物流企业应该逐步在物流市场中充当主角，这是必然的发展趋势，所以要大力培育第三方物流企业的发展。（　　）
2. 绿色物流是可持续发展的一个重要环节，它与绿色制造、绿色消费共同构成了一个节约资源、保护环境的绿色经济循环系统。（　　）
3. 物流是指根据实际需要，将运输、储存、装卸、搬运、包装、流通加工、配送、信息处理等基本功能实施有机结合，使物品从供应地向接收地进行实体流动的过程。（　　）
4. 不能将快递视为物流，因为它针对小件物品，而物流针对大件物品。（　　）
5. 生活中外卖是送餐，没有什么技术含量。（　　）

【综合实训】

实训项目： 物流故事会。

实训目标： 训练学习者的口头表达能力。

实训资料： 结合自己的生活体验，说一说身边的物流故事。

实训要求：

（1）提供一个真实案例。

（2）具有一定的故事情节。

（3）具有一定的物流知识。

（4）具有较好的文字功底。

实训指导：

（1）通过文献检索"物流"概念，并观察校园或常住地周边的相关物流现象。

（2）查找与物流相关的门户网站，如中国物流与采购联合会网站，了解相关物流活动。

（3）以小组为单位探讨物流与生活的关联。

（4）结合自身的物流体验，整理物流故事并进行成果展示。

实训评价：

实训评价表

班级：   姓名：   学号：

学习情景：物流故事讲述

评价项目		评价标准	分值	得分
考勤（10%）		没有无故迟到、早退、旷课现象	10	
工作过程（60%）	案例真实	能编写完整的物流案例	10	
	故事情节	包含与物流概念相对应的故事情节	5	
	物流知识	包含与案例相对应的物流知识	10	
	文字功底	语句通顺	5	
	工作态度	态度端正、工作认真、积极主动	10	
	沟通协调能力	能与团队成员合作交流、协调工作	10	
	职业素养	具有服务意识、成本意识、系统观念	10	
项目成果（30%）	工作完整		5	
	工作规范		10	
	案例报告		10	
	成果展示		5	
合计			100	

02
Chapter

第二章

物流系统管理

知识目标

- 掌握各物流功能要素的概念
- 理解物流系统的概念与功能
- 掌握物流系统的构建

技能目标

- 能够查阅物流功能要素的相关政策文件
- 能够举例说明各物流功能要素
- 能够解释物流系统的理念

素养目标

- 树立牢固的系统意识
- 坚定开放、包容意识，承担社会责任
- 推动系统发展，提质降本增效

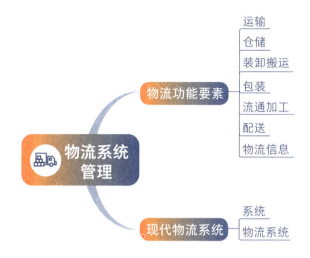

【引导案例】

武汉九州通接管武汉市红十字会物资仓库

新冠肺炎疫情牵动着全国人民的心，一场驰援武汉的爱心行动在疫情暴发之初便全面开展起来。武汉市红十字会负责接受医用耗材、防护用品等专项物资的社会捐赠。来自社会各界捐赠的医疗物资源源不断地涌入武汉，但不少医院口罩、防护衣、护目镜等物品告急。

面对物流管理专业方面的困境，武汉市新冠肺炎疫情防控指挥部决定引入专业物流公司——九州通医药集团物流有限公司（简称"九州通"）。疫情就是命令，时间就是生命。2020年1月29日22∶00，九州通接到武汉市防控指挥部的指令，要求协助武汉市红十字会管理捐赠物资。2020年1月30日，公司开始做准备工作，勘查现场，规划库容，系统搭建，运送托盘、叉车、标签纸、打印机、计算机等硬件设施，调配人员，制定组织结构和流程方案，2020年1月31日12∶00，九州通正式进驻武汉国博仓库。简单来说，就是在一天之内，九州通建立了一个现代物流系统。九州通建立的入库流程为：

第一步，分拣。按照捐赠物资的类别分组。

第二步，商品信息采集。登记捐赠物资的商品名称、规格、批号、数量、捐赠方向等信息。同时，武汉市场监督管理局驻派人员负责质量验收，区分医用物资和非医用物资。武汉市交通局的工作人员负责计量。

第三步，入库、上架。登记及核验完成之后，入库人员对物资进行分门别类地堆码和入库上架。经武汉市市场监督管理局、武汉市交通局和九州通三方签字后，物资才能入库。随后，九州通将统计的物资数量上报到武汉市防控指挥部，每两小时更新一次。

九州通建立的出库流程为：第一步，武汉市防控指挥部下达物资分配指令；第二步，九州通接到物资出库调令后，按照规程分拣出库；第三步，武汉邮政公司完成装车配送。

随着流程的不断理顺，对捐赠物资的管理工作已经趋于规范。2020年2月2日，一批医用手套定向捐赠到某医院，早上到达武汉国博仓库，当天下午就装车送往医院。

案例思考：

1. 什么是物流功能要素？
2. 九州通为什么能得到社会的认可？

案例分析：

这是一个捐赠物资的仓储管理问题。九州通通过优化物流各功能要素，重组捐赠物资的出入库流程，规范了物流管理，提高了效率，满足了社会各界的需求，赢得了社会的赞誉。

第一节
物流功能要素

一、运输

动画
三言两语话
运输

（一）运输的概念

《物流术语》（GB/T 18354−2021）对运输（transport）的定义为：利用载运工具、设施设备及人力等运力资源，使货物在较大空间上产生位置移动的活动。运输在不同的地域范围内，以改变物品的空间位置为目的，对物品进行空间位移。

（二）运输的特点

1. 运输具有生产的本质属性

运输把产品从生产地运往消费地，是生产过程在流通领域内的延续，是人们使用劳动工具（如车辆、船舶、飞机等）对劳动对象（产品）进行生产，并创造新的产品（即提供运输服务）的生产过程。

2. 运输产品的无形性

运输产品具有无形性的特点。运输产品与工农业产品比较如表2-1所示。

表2-1 运输产品与工农业产品比较表

项目	运输产品	工农业产品
产品类别	服务	实物
产品形态	无形	有形
实现内容	劳动对象空间位置的改变	劳动对象物理、化学、生物属性等方面的变化

3. 运输产品的生产和消费具有同步性

工农业产品的生产和消费在时间和空间上可以完全分离，而运输产品的生产和消费在时间和空间上都是不可分离的，属于边生产边消费。

4. 运输产品的非储存性

运输产品的无形性和同步性决定了运输产品既不能调拨，也不能存储。

5. 运输产品的同一性

所有的运输方式对社会都具有相同的价值，都是实现物品的空间位移。这一特点使得各种运输方式之间可以相互补充、协调、替代，从而构成了一个分工协作、有机结合的综合运输系统。

6. 运输产品计量单位的复合性

运输产品（货物周转量）同时采用运量与运输距离双重计量单位，一般表示为：吨千米。

（三）运输的作用

运输的作用主要表现在以下几个方面：

1. 运输是物流的主要功能之一，创造物品的"空间价值"和短期的"时间价值"

运输是发挥物流系统整体功能的核心，使物品产生位移，最能体现"物流"二字中"流"的本质。同时，运输使得物品以运输工具为临时、流动的储存设施，实现短时储存，并在适当的时间内送达客户，从而产生了物品的短期时间价值。

2. 运输是"第三利润源泉"的主要构成

据统计，在我国的物流总费用中，运输费用的占比达一半左右。因此，运输被普遍视为"第三利润源泉"的主要构成，物流系统的合理化主要取决于运输的合理化。

3. 运输是社会生产和消费的桥梁与纽带

运输作为物流系统中的"动脉"，既连通着生产内部的各环节，也联系着供产销各企业、国民经济各部门、城乡及不同国家和地区，将大规模生产与原材料供给、供应源与市场进行了无缝对接。

4. 运输扩大了商品的市场范围

运输将商品从生产地运送到消费地，扩大了商品的市场范围。例如，过去运输使葡萄、石榴、核桃、香菜、黄瓜、芝麻等商品沿着"丝绸之路"广泛传播；今天运输使"一带一路"沿线国家的商品，如中亚面粉、波兰苹果、法国红酒等方便快捷地进入我国居民的日常餐桌，运输也让越来越多的"中国制造"进入世界各地的家庭。

5. 运输可以保持商品价格的稳定性

资源区域分布的不平衡性势必造成商品供求失衡，导致商品价格波动。通过高效的运输体系，能够方便、快捷地从其他地方运进所需商品，平抑物价，保持商品价格的稳定性。

（四）运输的分类与比较

1. 根据运输工具及运输设备划分

根据运输工具及运输设备不同，运输可以分为水路运输、公路运输、铁路运输、航空运输和管道运输。五种基本运输方式的特点与主要功能比较如表2-2所示。

表2-2　五种基本运输方式的特点与主要功能比较表

运输方式	特点	主要功能
水路运输	运力大、成本低；运输速度慢、线路迂回，受自然条件影响大	适用于大批量，特别是散装货物和低值货物的运输，是国际贸易运输的主力军
公路运输	普遍性和灵活性好、快捷可控、可实现门到门运输；但运输能力低、单位运费高、易污染环境、事故率高	主要承担近距离、小批量的客货运输和水路运输、铁路运输难以到达地区的长途货物运输，以及铁路运输、水路运输优势难以发挥作用的短途运输
铁路运输	运载能力强、速度快、污染少、安全可靠；但灵活性差、货物的在途时间较长、货损率较高	主要承担长距离、大批量的客货运输，是干线运输中的主力
航空运输	运输速度快、受地形条件限制小、对包装要求低、使货主能对市场变化进行快速反应；但运输成本高、载重量有限、易受天气影响	适合运输时效性强、紧急需要、单位价值高、对运费承担能力强的货物
管道运输	连续单向作业、无须包装、货损率低、稳定性好、公害少、管理简单；但运输对象单一、机动灵活性小	主要运输原油及其制品、天然气、煤浆等

五种基本运输方式的主要技术经济指标比较如表2-3所示。

表2-3　五种基本运输方式的主要技术经济指标比较表

运输特点	运输方式				
	铁路	公路	水路	航空	管道
运输成本	3	4	1	5	2
运输时间	3	2	4	1	5
运输可靠性	3	2	5	4	1
运输能力	3	4	1	5	2
运输方便性	2	1	4	3	5
运输安全性	3	4	5	2	1

注：各项指标对应的数字越小表示越好。

在运输实务中，人们往往根据货物的属性和要求，选择性价比高的运输方式。运输方式的一般性选择思路如图2-1所示。

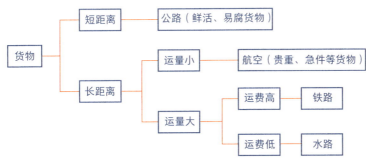

图2-1　运输方式的一般性选择思路

2. 根据其他划分标准的分类

根据运输范畴、作用和协作程度等标准进行的运输分类如表2-4所示。

表2-4　运输的其他分类

划分标准	运输类别	含义
运输范畴	干线运输	主要承担主干线路上的大批量、长距离运输，是运输的主体
	支线运输	主要承担从供应商到运输干线上的集结点，以及从干线上的集结点到配送点的运输任务

划分标准	运输类别	含义
运输范畴	二次运输	主要承担干线和支线运输到站后的货物由站点运至指定交货地点的运输任务
	厂内运输	主要承担大型工业企业内车间与车间、车间与仓库之间的运输任务
运输的作用	集货运输	将分散的货物汇集，集中运输
	疏货运输	将集中运达物流节点的货物分送至客户指定的收货点（配送运输是其典型形式）
运输协作程度	一般运输	指采用单一运输工具进行的运输
	复合运输	① 驼背运输：一种运输工具在某一段运程中承载在另一种运输工具上共同完成运输过程。如载货汽车开上轮船渡过江河后，又继续独立运输；小汽车装运在火车上，通过干线运输后又独自运输 ② 多式联运：由两种及两种以上的运输工具相互衔接、接力而共同完成运输的全过程

二、仓储

（一）仓储的概念

《物流术语》（GB/T 18354—2021）对仓储（warehousing）的定义是：利用仓库及相关设施设备进行物品的入库、储存、出库的活动。

"仓"即仓库，是用于储存、保管物品的建筑物和场所的总称。仓储是产品生产、流通过程中，因订单前置或市场预测前置而需要将产品、物品暂时存放。它是集中反映工厂物资活动状况的综合场所，是连接生产、供应、销售的中转站，对促进生产效率的提高起着重要的辅助作用。

仓储的含义可以从两方面来理解。狭义的仓储是指通过仓库等场所实现对在库物品的储存与保管，是一种静态仓储。广义的仓储除了对物品的储存、保管，还包括物品在库期间的装卸搬运、分拣组合、包装刷唛、流通加工等各项增值服务功能，是一种动态仓储。

（二）仓储的分类

根据《物流术语》（GB/T 18354—2021），仓库（warehouse）是用于储存、保管物品的建筑物和场所的总称。一个国家、一个地区、一个企业的物流系统中需要有各种各样的仓库，它们的结构形态各异，服务范围和服务对象也有着较大差异。根据不同的标准，仓库可以分为不同的类型。

1. 按营运形式不同分类

按营运形式不同，仓库可以分为自营仓库和公共仓库。

（1）自营仓库。根据《物流术语》（GB/T 18354–2021），自营仓库（private warehouse）是指由企业或各类组织自主经营和自行管理，为自身的物品提供储存和保管的仓库。仓库的建设、保管物品的管理，以及出入库等业务，均由公司自己负责。所保管物品的种类、数量相对确定，仓库的结构和装卸设备与之配套。

（2）公共仓库。根据《物流术语》（GB/T 18354–2021），公共仓库（public warehouse）是指面向社会提供物品储存服务，并收取费用的仓库。它是一种社会化的仓库，以经营为手段，以营利为目的。与自营仓库相比，公共仓库的使用效率更高。

2. 按保管物品种类的多少分类

按保管物品种类的不同，仓库可以分为综合库和专业库。

（1）综合库。综合库是用于存放多种不同属性物品的仓库。

（2）专业库。专业库是用于存放一种或某一大类物品的仓库。

3. 按仓库保管条件分类

按仓库保管条件不同，仓库可以分为普通仓库，保温、冷藏、恒湿恒温仓库，危险品仓库和气调仓库。

（1）普通仓库。普通仓库是用于存放无特殊保管要求的物品的仓库。

（2）保温、冷藏、恒湿恒温仓库。保温、冷藏、恒湿恒温仓库是用于存放要求保温、冷藏、恒湿恒温的物品的仓库，有制冷设备，并有良好的保温隔热性能，以保持所需温度。

（3）危险品仓库。危险品仓库是保管危险物品并能对危险物品起一定防护作用的仓库。

（4）气调仓库。气调仓库是用于存放要求控制库内氧气和二氧化碳浓度的物品的仓库。

4. 按仓库建筑封闭程度分类

按仓库建筑封闭程度不同，仓库可以分为封闭式仓库、半封闭式仓库和露天式仓库。

（1）封闭式仓库。封闭式仓库俗称库房。根据《物流术语》（GB/T 18354–2021），库房（storehouse）指在仓库中，用于储存、保管物品的封闭式建筑物。该结构的仓库封闭性强，便于对仓储物进行维护和保养，适合于存放保管要求比较高的物品。

（2）半封闭式仓库。半封闭式仓库俗称货棚，其保管条件不如库房，但出入库作业比较方便，且建造成本较低，适宜存放那些对温度要求不高且出入频繁的物品。

（3）露天式仓库。露天式仓库俗称货场。根据《物流术语》（GB/T 18354–

2021），货场（freight yard）是指用于储存和保管货物、办理货物运输，并具有货物进出通道和装卸条件的场所。其最大的优点是装卸作业极其方便，适宜存放较大型的物品。

5. 按建筑结构分类

按建筑结构不同，仓库可以分为平房仓库、楼房仓库、罐式仓库、简易仓库和高层货架仓库。

（1）平房仓库。平房仓库结构比较简单，建筑费用低廉，人工操作比较方便。

（2）楼房仓库。楼房仓库是指二层以上的仓库，它可以减少土地的占用面积。物品上下移动作业复杂，进出库作业可采用机械化或半机械化，楼房隔层间可依靠垂直运输机械联结，也可以坡道相连。

（3）罐式仓库。罐式仓库的构造特殊，呈球形或柱形，主要用来储存石油、天然气和液体化工业品等。

（4）简易仓库。简易仓库构造简单，造价低廉，一般是在仓库不足而又不能及时建库的情况下采用的临时代用方法，包括一些固定或活动的简易货棚等。

（5）高层货架仓库。高层货架仓库建筑物本身是平房结构，但高层棚的顶很高，内部设施较多，具有可保管10层以上托盘的仓库棚。在作业方面，高层货架仓库主要使用计算机控制，堆垛机、吊机等装卸机械自动运转，能实现机械化和自动化操作，也称自动化仓库或无人仓库。

6. 按建筑材料分类

动画
货架

现代化的高层楼房仓库用钢筋混凝土的较多，一般平房仓库大部分仍采用砖石结构和木结构，一些特殊仓库（如储油罐等）则用钢结构，还有一些新型材料建成的仓库。

7. 按库内形态分类

视频
智慧仓库

按库内形态不同，仓库可以分为地面型仓库、货架型仓库和立体仓库。

（1）地面型仓库。地面型仓库一般指单层地面库，多使用非货架型的保管设备。

（2）货架型仓库。货架型仓库指采用多层货架保管的仓库。货架分为固定货架和移动货架。货架上放着物品和托盘，物品和托盘可在货架上滑动。

（3）立体仓库。根据《物流术语》（GB/T 18354–2021），立体仓库（stereoscopic warehouse）指采用高层货架，可借助机械化或自动化等手段立体储存物品的仓库。立体仓库的入库、检验、分类整理、上货入架、出库等作业由计算机管理控制的机械化、自动化设备来完成。立体仓库的使用要有足够的资金作为保障，同时对库存物品包装标准化、体积和重量都有较高的要求。

8. 按仓库功能分类

现代物流管理力求进货与发货同期化，使仓库管理从静态管理转变为动态管理，仓库功能也随之改变。这些新型仓库据点有以下新称谓。

（1）集货中心。根据《物流术语》（GB/T 18354–2021），集货（goods collection）

是指将分散的或小批量的货物集中起来，以便进行运输、配送的活动。集货中心可设在生产点数量很多，每个生产点产量有限的地区；只要这一地区某些物品的总产量达到一定水平，就可以设置这种有集货作用的物流据点。

（2）分货中心。将大批量运到的物品分成批量较小的物品称为分货。分货中心是主要从事分货工作的物流据点。企业可以采用大规模包装、集装货散装的方式将物品运到分货中心，然后根据企业生产或销售的需要进行分装。利用分货中心可以降低运输费用。

（3）转运中心。转运中心的主要工作是承运物品在不同运输方式之间的转运。转运中心既可以进行两种运输方式的转运，也可以进行多种运输方式的转运，在名称上有的称为卡车转运中心，有的称为火车转运中心，还有的称为综合转运中心。

（4）加工中心。加工中心的主要工作是进行流通加工。设置在供应地的加工中心主要进行以物流为主要目的的加工，设置在消费地的加工中心主要进行以实现销售、强化服务为主要目的的加工。

（5）储调中心。储调中心以储备为主要工作内容，其功能与传统仓库基本一致。

（三）仓储的作用

仓储的主要作用是衔接供需，创造物流的时间价值。通过给客户延长货物的可供应时间来提高货物的使用价值。简言之，就是通过使用仓库对货物进行存储，企业可以随时随地满足用户需求。仓储在物流系统中的增值作用主要表现为：储存、保管、加工、整合、分类和转运等功能。

1. 储存功能

现代社会生产的一个重要特征就是专业化和规模化生产，劳动生产率极高，产量巨大，绝大多数产品都不能被及时消费，需要经过仓储进行储存，这样一方面能避免生产过程堵塞，保证生产过程能够继续进行；另一方面，对于生产过程来说，适当的原材料、半成品的储存也可以防止因缺货造成的生产停滞。而对于销售过程来说，储存（尤其是季节性储存）可以为企业的市场营销创造机会。适当的储存是市场营销的一种战略，它为市场营销中特别的商品需求提供了缓冲和有力的支持。

2. 保管功能

根据《物流术语》（GB/T 18354-2021），保管（stock keeping）是指对物品进行储存，并对其进行保护和管理的活动。生产出的产品在消费之前必须保持其使用价值，否则将会被废弃。这项任务就需要由仓储来承担。在仓储过程中，对产品进行保护、管理，防止损坏而丧失价值。如水泥受潮易结块，使其使用价值降低，因此在保管过程中就要选择合适的储存场所，采取合适的养护措施。全年生产季节性消费的产品或季节性生产全年消费的产品，都必须通过堆存与保管提供存货缓冲，使生产活动在受到材料来源和顾客需求的限制条件下提高效率。此外，生产或收获的产品，产出多少就销售多少，如果不进行保管，价格就必然暴跌。为了防止这种情况的发生，也需要把产品保管在仓库里。保管在提高时间功效的同时，还有调节价格的功能。堆存与保管是一种静止的状态，也可以说是时速为零的运输。在此期间，保管还具有保持商品品质不发生变化的功能，即保持商品的使用价值或商品本身的市场价值。

3. 加工功能

仓库不仅具备储存、保管货物的设备，而且增加了装袋、捆包、贴标签、贴条形码、配货、混装、刷标记、组装、情报处理等流通加工服务。

保管物在保管期间，保管人根据存货人或客户的要求对保管物的外观、形状、成分构成、尺寸等进行加工，使仓储物发生所期望的变化。

4. 整合功能

整合是仓储活动的一个经济功能。通过这种安排，仓库可以将来自多个制造企业的产品或原材料整合成一个单元，进行一票装运。其好处是有可能实现最低运输成本，也可以减少由多个供应商向同一客户进行供货带来的拥挤和不便。

5. 分类和转运功能

分类就是将来自制造商的组合订货分类或分割成个别订货，然后安排适当的运力运送到制造商指定的个别客户。

仓库从多个制造商处运来整车货物，在收到货物后，如果货物有标签，就按客户要求进行分类；如果没有标签，就按地点分类，然后货物不在仓库停留，直接装到运输车辆上，装满后运往指定零售店。同时，由于货物不需要在仓库内储存，因而降低了仓库的搬运费用，最大限度地发挥了仓库装卸设施的功能。

当今社会要求物流人具有强烈的责任感和社会担当，为客户提供安全、绿色、高效的物流服务，并为其创造价值，否则就会惹来非议，甚至失去客户。

 【社会担当】
逆行返岗——九州通吹响抗疫保供集结号

在新冠肺炎疫情期间，九州通积极履行社会责任，响应党和政府的号召，在交通管制、道路封锁、物资匮乏、人员紧缺的情况下，接到紧急通知，九州通人放弃春节休假，迅速从全国各地"逆行"返岗，加紧安排春节药品配送服务。克服困难、想尽办法采取一系列防控举措，竭尽全力保障物资供应，并提出"保障供应，保证不涨价，保质量，保服务"的四保原则。九州通充分发挥自身丰富的上下游客户资源、健全的医药行业供应链体系、专业的物流信息技术、强大的营销配送网络等优势，以及覆盖全国的B端、C端电子商务与互联网平台，动员全集团21 000多名员工奋战在抗击疫情第一线。公司先后投入资金40余亿元，采购1.5亿余件（盒、套）抗疫物资，有力地保障了武汉乃至全国各种防疫物资和药品的供应工作。同时，协助武汉红十字会进行指定库房的捐赠物资和药品的仓储管理工作。在人员高度紧张、超负荷运营的情况下，公司先后紧急抽调90多人到武汉国博中心支援省市红十字会、省慈善总会受赠医用物资的仓储管理工作。

　　在此次抗击新冠肺炎疫情的过程中，九州通所做的贡献得到了社会各界的广泛肯定和认可，旗下的18家分（子）公司被列入"抗疫情专项再贷款全国性名单"，集团党组织被湖北省委组织部授予"抗疫先进党组织"称号，先后收到了来自武汉市委、湖北省疫情防控指挥部、全国各地驰援湖北20多个医疗队的感谢信。

三、装卸搬运

（一）装卸搬运的定义

1. 装卸

视频
许振超：践行"工匠精神"

　　装卸是指在同一地域（地点）范围（如工厂、车站、机场、码头、货场、仓库内部等）内，以改变"物"的存放地点或支承状态为目的的活动。《物流术语》（GB/T 18354-2021）对装卸（loading and unloading）的定义是：在运输工具间或运输工具与存放场地（仓库）间，以人力或机械方式对物品进行载上载入或卸下卸出的作业过程。

2. 搬运

　　搬运是指以改变"物"的空间位置（通常指短距离）为目的的活动。《物流术语》（GB/T 18354-2021）对搬运（handling）的定义是：在同一场所内，以人力或机械方式对物品进行空间移动的作业过程。搬运的"运"与运输的"运"的区别之处在于：搬运是在同一地域的小范围内发生的，而运输是在较大范围内发生的。两者是从量变到质变的关系，中间并无绝对的界限。

（二）装卸搬运活动内容

　　装卸可分为与运输设备对应的"装进、卸下装卸"和与储存保管设施对应的"入库、出库装卸"两大类。而这两大类装卸分别伴随着商品的"堆码、拆垛""分拣、配货""搬送、移送"三类基本的装卸作业，装卸搬运作业活动内容如表2-5所示。仓库入库及出库等环节中的装卸搬运活动如图2-2所示。

表2-5　装卸搬运作业活动内容列表

作业活动	详细内容
装卸	将货物装上运输工具或从运输工具上卸下
搬运	多为从水平方向上改变货物放置的空间位置
分类	将货物按其品种、发货方向、顾客需求等分别处置
堆码	对货物进行码放、堆垛等相关作业
理货	对货物进行整理等相关作业的活动

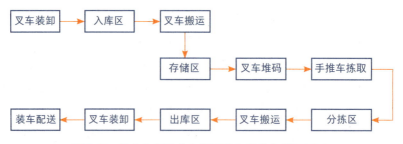

图 2-2　仓库入库及出库等环节中的装卸搬运活动

（三）装卸搬运的特点

1. 作业的频繁性

装卸搬运是不断出现和重复进行的，它出现的频率通常都会高于物流的其他功能要素。据统计，在我国，机械工厂每生产1吨成品，需进行252吨次的装卸搬运操作。

2. 伴生性和起讫性

装卸搬运总是与物流的其他环节（如运输、储存、包装等）密不可分。物流的其他环节一般都以装卸搬运作为起始点和终结点。

3. 装卸搬运活动在物流过程中占用时间长

在我国，火车货运距离以500千米为分界点：当运输距离超过500千米时，在途的运输时间多于起止点的装卸时间；当运距低于500千米时，装卸时间会超过途中的运输时间。美国与日本之间的远洋船舶运输，一个往返航次用时25天，其中，在途运输时间为13天，在沿线挂港装卸时间为12天。

4. 装卸搬运费用在物流成本中占比大

生产伴随着物料搬运，物料搬运量常常是产品重量的数倍，甚至数十倍。不同国家的装卸搬运费与相关总成本占比如表2-6所示。

表2-6　不同国家的装卸搬运费与相关总成本占比列表

国家	费用比较项	占比
美国	装卸搬运费用/总成本	20%～30%
德国	企业物流搬运费/营业额	约30%左右
日本	全国物料搬运费/GDP	10.73%
中国	铁路运输车站装卸费/运费	约20%左右
	水路运输港口装卸费/运费	约40%左右

5. 易造成货物损失

在装卸搬运中往往需要接触货物，以至于装卸搬运成为物流过程中造成货物破损、散失、损耗、混合等损失的主要环节。

（四）装卸搬运的作用

1. 装卸搬运在物流活动转换中起衔接和支持作用

装卸搬运具有很强的附属性，是伴随着生产过程和流通过程各环节所发生的一种必要的物流活动。与运输产生的空间价值、仓储产生的时间价值不同，它本身不具有明确的价值，但这并不说明装卸搬运在物流过程中不占有重要地位。相反，物流过程中的所有作业环节都必须依靠装卸搬运活动联结起来的。例如，当一批货物通过运输送至仓库开始进行入库作业时，首先要将货物从车上"卸下"，然后才能搬运至仓库中，开始后面的仓储作业；当一批货物需要出库运输至客户手中时，也要先经过搬运，再"装上"运输工具，然后才能开始运输活动。因此，装卸搬运在物流活动转换中起着重要的衔接和支持作用，没有装卸搬运，物流活动就无法进行，如图2-3所示。

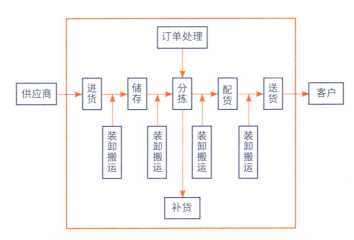

图2-3　装卸搬运在物流活动转换中的衔接和支持

2. 装卸搬运是提高物流系统效率的关键

在物流过程中，装卸活动是不断出现和反复进行的，它出现的频率高于其他各项物流活动，每次装卸活动都要花费很长时间。另外，装卸搬运作业的内容复杂，作业对象繁多，大至笨重的机械设备，小至精密的仪器，既会涉及普通物品，也会涉及特殊物品，涵盖了固态、液态、气态等所有物品形式。因此，提高装卸搬运环节的作业效率已经成为提高物流系统效率的关键。

3. 合理进行装卸搬运能明显降低物流总成本

装卸搬运在物流过程中出现的频率高、次数多，不仅需要使用机械设备，而且需要使用大量的人力，它所消耗的费用在物流费用中占有相当大的比重。

此外，进行合理的装卸搬运还能加速车船周转，提高港、站、库的利用效率；

加快货物送达，减少流动资金占用；减少货物破损和各种事故的发生等。总之，通过改善装卸搬运作业的技术和方法，能够显著提高物流活动的经济效益和社会效益。

（五）装卸搬运的分类

1. 根据装卸搬运作业的场所不同分类

根据装卸搬运作业的场所不同，装卸搬运可分为车船装卸搬运、港站装卸搬运和库场装卸搬运。

2. 根据其他划分标准分类

装卸搬运还可以依据其机械作业方式、被装物的运动形式和装卸搬运对象进行分类，分类结果如表2-7所示。

表2-7　装卸搬运的其他分类列表

分类标准	名称	内容特点
装卸搬运机械的作业方式	"吊上吊下"方式	采用各种起重机械吊起货物，垂直移动实现装卸，并在吊车工作范围内实现搬运或者借助其他水平搬运机械衔接完成搬运
	"叉上叉下"方式	采用叉车从货物底部托起货物，并依靠叉车的水平运动进行货物位移，装卸搬运完全靠叉车本身，货物可不经中途落地，直接转移到指定地点
	"滚上滚下"方式	利用叉车、半挂车、汽车装载货物，连货带车一起开上船，到达目的地后再从船上开下
	"移上移下"方式	在两车之间（例如火车和汽车）进行靠接，借助人力、工具、设备等将货物从一辆车上转移到另一辆车上
	"散装散卸"方式	对散装货物进行的装卸，是集装卸与搬运于一体的装卸方式
被装物的运动形式	垂直装卸	采用起重机、叉车、提升机等装卸设备对货物进行提升或降落的装卸活动
	水平装卸	借用能和汽车水平靠接的适高站台、汽车和货车之间的平移工具等，在不改变被装货物势能的前提下，实现货物的平移
装卸搬运对象	散装货物装卸	对煤炭、粮食、矿石、化肥、水泥等块状、粒状、粉状货物进行的装卸搬运
	单件货物装卸	对箱、包、篓、袋等包装形态的件杂货进行单件、逐件的装卸搬运
	集装货物装卸	先将货物采用托盘、集装箱等进行集中装载，形成集装货物后，再进行的装卸搬运

四、包装

（一）包装的概念

《物流术语》（GB/T 18354-2021）对包装（Package；packaging）的定义为：为在流通过程中保护产品、方便储运、促进销售，按一定技术方法而采用的容器、材料及辅助物等的总体名称。也指为了达到上述目的而采用容器、材料和辅助物的过程中施加一定技术方法等的操作活动。

例如，农民生产的粮食一般运送到粮食收购和加工单位，需要装成标准包装，交由物流企业运送到约定城市的粮食物流中心或配送中心，再分别配送到粮店或卖场上柜销售。农产品物流系统如图2-4所示。

农产品基地　　　　　　收购包装　　　　　　贴标签检验

商场销售　　　　　　运输配送　　　　　　物流中心

图2-4　农产品物流系统

作为生产的终点，产品生产工艺的最后一道工序是包装。包装对生产而言，标志着生产的完成。包装必须根据产品性质、状况和生产工艺来进行，必须满足生产的要求。同时，作为物流的起点，包装完成后产品便具有了物流的需求，在整个物流过程中，包装可以发挥对产品储运的保护作用、装卸搬运的便利作用和销售宣传的促进作用，最终实现产品的使用和消费。

视频
自动包装

（二）包装的分类

1. 按包装方法不同分类

按包装方法不同，包装可分为以下类别：

（1）缓冲包装。缓冲包装是针对出口商品中一些脆值低，对外力冲击和振动承受能力差的品种，经改进衬垫材料性能和包装内部结构，进行缓冲处理，使商品在出口装卸和搬运过程中减少破损的包装法。如鸡蛋、陶瓷器等的包装。

（2）防锈包装。防锈包装是为防止金属制品锈蚀而采用一定防护措施的包装。在设备外套上铝箔真空袋，并提供现场抽真空作业。适合精密仪器设备及怕湿易锈的产品。产品经过真空包装处理后，可确保在长时间海上运输过程中不受潮湿、盐碱的侵害，确保客户的产品完好地出口至世界各地。

（3）真空包装。真空包装是现代化的包装技术，对土特产商品具有防霉防虫、保鲜保质和压缩包装体积、节省运费等优点。

（4）吸塑包装。吸塑包装是纸板、塑料片和膜相结合，通过真空吸塑而成的新颖包装，该包装可见可挂、结构灵活。

（5）热收缩包装。热收缩包装是采用热收缩薄膜，通过烘道热缩而形成的一种全透明销售包装。

（6）贴体包装。贴体包装是以商品为模具，直接将薄膜紧贴于商品上，采用真空吸塑与纸板热合的一种销售包装。1987年，上海机械进出口公司率先从德国引进了三台贴体包装机，用于工具的贴体包装。多年来，我国已经生产出一大批国产贴体包装机。

2. 按包装目的不同分类

按包装目的不同，包装可分为运输包装和销售包装。

（1）运输包装。运输包装又称工业包装、外包装，以保护功能为主，也具有便利功能。《物流术语》（GB/T 18354−2021）对运输包装（transport packaging）的定义为：以满足运输、仓储要求为主要目的的包装。运输包装主要包括以下内容。

① 箱装。箱装是出口商品运输包装的主要包装方式。按出口商品运输的不同需求，该包装包括木箱（见图2-5）、胶合板箱、钙塑箱（见图2-6）、纸箱（见图2-7）系列。

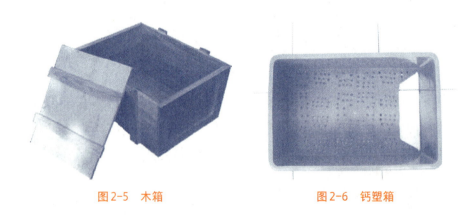

图2-5　木箱　　　　　　　　　图2-6　钙塑箱

② 桶装。桶装为圆形容器，在装卸搬运中便于滚动。根据外贸出口商品运输包装的需要，桶装主要有木桶、胶合板桶、纸板桶、塑料桶（见图2-8）、铁桶（见图2-9）、铁塑桶、软塑桶等品类。

图 2-7　纸箱

③ 袋装。袋装为传统的由植物纤维和化纤编织的软性包装，包括广包、麻袋、棉布、塑料编织袋、多层牛皮纸袋 5 大类。其使用方式有两种：一是预制成麻袋、棉布袋、塑料编织袋；二是利用片材（如广包、麻布、棉布、塑料编织布）随货就地打包。宠物食品袋与购物袋见图 2-10 和图 2-11。

图 2-8　塑料桶　　　图 2-9　铁桶　　　图 2-10　宠物食品袋　　　图 2-11　购物袋

④ 缸、坛包装。缸、坛均为陶土高温烧制，不受含盐分食品的腐蚀，隔热密封，保味保质，为外贸出口咸菜、榨菜、咸蛋、皮蛋、黄酒等食品的传统运输包装。

⑤ 竹篓、柳条筐包装。竹篓（见图 2-12）、柳条筐均为古老的运输包装，常用于出口土特产、食品的外包装。

⑥ 集合包装。集合包装是现代出口商品的运输包装，为适应国际货运，逐步发展集合包装。集合包装有托盘、集装箱、吨装集装袋三大系列。

托盘类似垫仓板，塑料托盘如图 2-13 所示。单件运输包装捆扎或用薄膜热收缩加以固定，堆码于托盘，便于整体搬运。

图2-12　竹篓

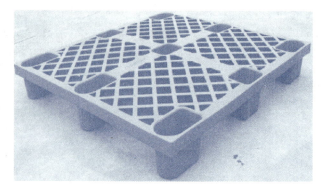

图2-13　塑料托盘

集装箱是继托盘后发展的包装方式，如图2-14所示。1978年，上海港集装箱码头开始采用集装箱包装运输。中国远洋运输公司上海分公司开辟了澳大利亚航线，专门从事集装箱运输。

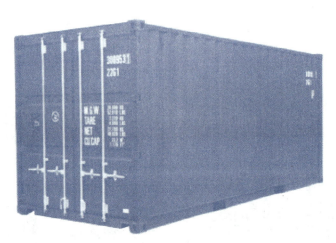

图2-14　集装箱

（2）销售包装。销售包装（promotion packaging）以销售为主要目的，与内装物一起到达用户，具有保护、美化、宣传商品的作用，对商品促销也有一定作用。例如，玻璃或塑料饮料瓶、食品易拉罐、真空包装袋等。出口商品销售包装主要有瓶类容器、罐类容器、袋装容器、盒装容器四大系列。

① 瓶类容器。玻璃瓶是早期用于出口商品的容器。国际市场大量使用薄壁玻璃瓶、罐作为销售包装。以塑料瓶作为销售包装发展较快。中粮上海市粮油进出口公司发展食用油小包装出口，玉米油、小磨芝麻油分装成250克、500克、2 500克等多种规格，均采用塑料瓶作为销售包装。

② 罐类容器。三片焊锡罐最初以锡作为罐身的焊接剂经焊接而成，主要用于食品包装。二片易拉罐主要用于啤酒、果汁等饮料的销售包装。

③ 袋装容器。牛皮纸袋早期均采用手工糊制。随着塑料工业的发展，均先后改用热收缩包装及挂式吸塑包装，纸袋渐被淘汰。玻璃纸袋作为销售包装，能增强商品的透明度，便于顾客挑选商品。

④ 盒装容器。瓦楞纸盒内衬一层细瓦楞，起衬垫作用，适合于作为较重或易碎商品的销售包装。白板纸盒是一种高档销售包装，配合白板纸彩印盒面，制成彩色瓦楞纸盒，用作高档名酒、搪瓷烧锅、高档玩具、保温瓶等商品的销售包装。

（三）包装的作用

物流包装是商品的重要组成部分，不仅是商品不可缺少的外衣，起着保护商品、便于运输、促进销售和消费者购买的作用，而且也是商品制造企业的形象缩影。因此，物流包装概括为保护功能（无声的卫士）、便利功能（无声的助手）、促销功能（无声的推销员）。

1. 保护功能

科学的包装可以保护商品在流通过程和储运过程中的完整性和不受损伤，这是包装的基本功能。例如，玻璃器皿的包装可以防止危害性内装物对接触的人、生物和环境造成伤害或污染。

2. 便利功能

便利功能指便于装卸、储存和销售，同时也便于消费者使用。例如，液态牛奶包装袋和包装箱。

3. 促销功能

良好的包装能给人以美的享受，起到诱导和激发消费者购买欲望的作用。因此，包装在购买者与商品之间起着连接（媒介）作用，对商品销售起着宣传、美化、促进作用。

（四）包装的要求

包装作业时采用的技术和方法简称包装技法。一般包装技法的要求如下：

（1）对包装容器内装物的合理置放、固定和加固，其目的是缩小体积、节省材料、减少损失。

（2）对松泡产品进行压缩体积，比较有效的方法是真空包装。

（3）合理选择外包装形状和尺寸，避免过高、过扁、过大、过重等。

（4）合理选择内包装（盒）形状尺寸，要与包装模数吻合。

（5）包装物外部的捆扎是将单个物件或数个物件捆紧，以便运输、储存和装卸。

（五）包装材料与包装容器

1. 包装材料

包装材料是指产品包装和制作包装容器所使用的材料，包装材料与包装容器统称包装器材。常用的包装材料有金属包装材料、玻璃包装材料、木制包装材料、纸和纸板、塑料包装材料，以及复合包装材料。

常用的包装材料有纸、塑料、木材、金属、玻璃等。使用最广泛的是纸及各种纸制品，其次是塑料和木材。随着社会经济的发展和国内外对环境保护的日益重视，以纸代木、以纸代塑的绿色包装已势在必行，纸质包装逐步向中高档、低量化方向发展。

（1）纸和纸板。纸和纸板是支柱性的包装材料，应用范围十分广泛，纸和纸板是按定量（单位面积的质量）或厚度来区分的。凡定量在250 g/m² 以下或厚度在0.1 mm以下的称为纸，在此标准以上的称为纸板。由于纸无法形成固定形状的容器，常用来做裹包衬垫和口袋，而纸板常用来制成各种包装容器。包装纸主要有纸袋纸、牛皮纸、中性包装纸、普通食品包装纸、鸡皮纸、半透明玻璃纸和玻璃纸、有光纸、防潮纸、防锈纸、铜版纸等。包装纸板主要有箱纸板、牛皮箱纸板、草纸板、单面白纸板、茶纸板、灰纸板、瓦楞纸板等。

（2）塑料。塑料是一类多性能、多品种的合成材料，具有物理性能优越、化学稳定性好、轻便、易加工成形的特点。但塑料作为包装材料，强度不如钢铁，耐热性不如玻璃，易老化，易产生静电。包装常用的塑料有聚乙烯、聚丙烯、聚氯乙烯、聚苯乙烯、聚酯等，可制成瓶、杯、盘、盒等容器，聚苯乙烯还大量用来制造包装用泡沫缓冲材料，如图2-15所示。

图2-15　塑料筐和箱

（3）木质材料。木质材料是传统的运输包装材料，包括天然木材和人造板材，具有特殊的耐压、耐冲击性能，加工方便，是大型和重型商品运输包装的重要材料。人造板材有胶合板和纤维板两种。

常用的木制包装容器有木箱（包括胶合板箱和纤维板箱）、木桶（包括木板桶、胶合板桶和纤维板桶）等。

（4）金属材料。包装用金属材料主要是指钢板、铝材及其合金材料，其形式有薄板和金属箔，品种有薄钢板（黑铁皮）、镀锌薄钢板（白铁皮）、镀锡薄钢板（马口铁）、镀铬薄钢板、铝合金薄板、铝箔等。金属材料牢固结实；密封性、阻隔性好；延展性强，易加工成形；金属表面有特殊的光泽，便于进行表面装潢。但金属材料由于成本高，生产能耗大，化学稳定性差，易锈蚀，所以其包装的应用受到限制。金属铝箱如图2-16所示。

图2-16　金属铝箱

（5）玻璃。玻璃是以硅酸盐为主要成分的无机性材料，其特点是透明、清洁、美观，有良好的机械性能和化学稳定性，价格便宜，可多次周转使用。但玻璃耐冲击性低，自身质量大，运输成本高，限制了其在包装上的应用。常见的玻璃包装容器有玻璃瓶、玻璃罐、玻璃缸等，主要应用于酒类、饮料、罐头食品、调味品、药品、化学试剂等商品。此外，也可制造大型运输包装容器，存装强酸类产品。

（6）复合包装材料。复合包装材料是将两种或两种以上的材料紧密复合在一起制成的包装材料如图2-17所示。塑料与纸、塑料与铝箔、塑料与玻璃、纸与金属箔都可制成复合材料。复合材料兼有不同材料的优良性能，使包装材料具有更加良好的机械性能、气密性、防水性、防油性、耐热性或耐寒性，是现代包装材料的发展方向，特别适用于休闲食品、复杂调味品、冷冻食品等食品商品的包装。

图2-17　复合包装材料

（7）纤维织物。纤维织物可以制成布袋、麻袋、布包等，具有牢固适宜、轻巧、使用方便、易清洗、便于回收利用等特点，适用于盛装粮食及其制品、食盐、食糖、农副产品、化肥、化工原料及中药材。

（8）其他材料。毛竹、水竹等竹类材料可以编制各种竹制容器，如竹筐、竹箱、竹笼、竹篮、竹盒、竹瓶等包装容器。水草、蒲草、稻草等可编织席、包、草袋，是价格便宜、一次性使用的包装材料。柳条、桑条、槐条及其他野生藤类，可用于编织各种筐、篓、箱、篮等。陶瓷可制成缸、坛、砂锅、罐、瓶等容器。另外，棕榈、贝壳、椰壳、麦秆等也可以用于制作各种特殊形式的销售包装。

2. 包装容器

包装容器是包装材料和造型结合的产物。常用的运输包装容器有包装袋、包装盒、包装箱、包装瓶、包装罐（筒）五大类。

（1）包装袋（packaging bag）。按盛装重量不同分为集装袋、一般运输包装袋和小型包装袋。

① 集装袋。盛装重量在1 t以上，一般用聚酯纤维编织而成，顶部一般装有金属吊架或吊环，便于起重机吊装、搬运，卸货时可打开袋底的卸货孔卸货，非常方便。

② 一般运输包装袋。盛装重量为50～100 kg，大部分是由植物纤维或合成树脂纤维编织而成，或者由几层挠性材料构成的多层材料包装袋。

③ 小型包装袋，也称普通包装袋，盛装重量较少，根据需要可用单层材料、多层同质材料或者多层不同材料复合而成。

（2）包装盒（packaging box）。包装盒是一种刚性或半刚性容器，成规则几何形状，有关闭装置。通常用纸板、金属、硬质塑料，以及复合材料制成，如图2-18所示。可以是外形固定，在使用过程中不能折叠变形；也可以是折叠式，在未盛装物品时可折叠存放。

（3）包装箱（packaging case）。包装箱是刚性或半刚性容器，一般呈长方体箱型，内部容积较大，其材料通常用纸板、木材、金属、硬质塑料或复合材料制成。其种类主要有以下几种：瓦楞纸箱、木箱、托盘集合包装、集装箱、塑料箱。箱装是出口商品运输包装的主要包装方式。按出口商品运输的不同需要，分为木箱（见图2-19）、胶合板箱、纸箱（见图2-20）、钙塑箱（见图2-21）等系列。

图2-18　包装盒　　　　　　　　　　　　　图2-19　木箱

图2-20　纸箱　　　　　　　　　　　　图2-21　钙塑箱

（4）包装瓶（packaging bottle）主要包装液体和粉状货物。包装瓶的包装量一般不大，适合美化装潢，主要做商业包装和内包装。包装瓶的材料要有较高的抗变能力，刚性、韧性要求也较高。包装瓶按外形不同可分为圆瓶、方瓶、高瓶、矮瓶、异形瓶等，如图2-22所示。瓶口与瓶盖的封盖方式有螺纹式、凸耳式、齿冠式、包封式等。

图2-22　包装瓶

（5）包装罐（筒）（packaging tin）。包装罐的罐身各处横截面形状大致相同，罐颈短，罐颈内径比罐身内径稍小或无罐颈，是刚性包装的一种。要求包装材料强度较高，罐体抗变形能力强。通常带有可密封的罐盖。包装罐是典型的运输包装，适合包装液体、粉状及颗粒状物品。也可作外包装、商业包装和内包装。包装罐（筒）按容量不同，分为小型包装罐、中型包装罐和集装罐三种。按制造材料不同，分为金属罐和非金属罐两类。塑料包装桶如图2-23所示。

草莓桶（加强型盖）
外尺寸：245*245*375 mm
内尺寸：230*230*366 mm

图2-23　塑料包装桶

五、流通加工

《物流术语》（GB/T 18354-2021）对流通加工（distribution processing）的定义为：根据顾客的需要，在流通过程中对产品实施的简单加工作业活动的总称。简单加工作业活动包括包装、分割、计量、分拣、刷标志、拴标签、组装、组配等。

（一）流通加工的作用

流通加工的作用有以下几方面：

1. 提高加工材料利用率

利用流通加工环节进行集中下料，可将生产厂直接运来的简单规格的产品按使用部门的要求下料。集中下料可以优材优用、小材大用、合理套裁，取得很好的技术经济效果。北京、济南、丹东等城市对平板玻璃进行流通加工（集中裁制、开片供应）后，玻璃利用率从60%提高到85.95%。

2. 方便用户

对于用量小或临时需要的使用单位缺乏进行高效率初级加工的能力，而依靠流通加工可使其省去再进行初级加工的设备和人力，从而方便了用户。目前发展较快的初级加工有：将水泥加工成生混凝土，将原木或板材加工成门窗、冷拉钢筋及冲制异型零件和钢板打孔等。

3. 提高加工效率及设备利用率

在分散加工的情况下，加工设备由于生产周期和生产节奏的限制，设备利用时松时紧，使得加工过程不均衡，设备加工能力不能得到充分发挥。而流通加工面向全社会，加工数量大、范围广、任务重，建立集中加工点，采用效率高、技术先进、加工量大的专门机具和设备，可提高加工质量，提高设备利用率和加工效率，从而降低了加工费用及原材料成本。

例如，一般的使用部门在对钢板下料时采用气割的方法，留出较大的加工余量，这样出材率低，加工质量也不好。集中加工后利用高效率的剪切设备，在一定程度上可以防止上述缺点。

4. 充分发挥各种输送方式的优势

流通加工环节将实物的流通分成两个阶段。一般来说，从生产厂到流通加工点这段输送距离长，而从流通加工点到消费环节这段距离短。第一阶段是在数量有限的生产厂与流通加工点之间进行定点、直达、大批量的远距离输送，可以采用船舶、火车等大量输送的手段。第二阶段是利用汽车和其他小型车辆来输送经过流通加工后多规格、小批量、多用户的产品。这样可以充分发挥各种输送手段的优势，加快输送速度，节省运力和运费。

5. 改变功能，提高收益

在流通过程中可以进行一些改变产品某些功能的简单加工。其目的除了上述几点外，还在于提高产品销售的经济效益。例如，内地的许多制成品（如洋娃娃玩具、时装、轻工纺织产品、工艺美术品等）在深圳进行简单的装饰加工后改变了产品的外观或功能，仅此一项就可使产品售价提高20%以上。所以，在物流领域中，流通加工可以成为创造高附加值的活动。这种高附加值的形成主要着眼于满足用户的需要来提高服务功能，是贯彻物流战略思想的表现，是一种低投入、高产出的加工形式。

（二）流通加工的形式

1. 流通加工的类型和方法

由于加工目的和作用不同，流通加工的形式多种多样。

（1）以保存产品为主要目的的流通加工。通过对生活资料和生产资料进行流通加工可以达到延长产品使用时间的目的。在物流过程中，直到用户投入使用前都存在对产品的保护问题，流通加工可以防止产品在运输、储存、装卸、搬运、包装等过程中遭受损失，顺利实现使用价值。与前几种加工不同，这种加工并不改变进入流通领域的"物"的外形及性质。这种加工主要采取稳固、改装、冷冻、保鲜、涂油等方式。

（2）为适应多样化需要的流通加工。将生产出来的单调产品进行多样化的改制，以满足消费者多样化的需求。如对钢材卷板的舒展、剪切加工；平板玻璃按需要规格的开片加工；木材改制成方木、板材的加工；将商品的大包装改为小包装等。

（3）为了消费方便、省力的流通加工。发挥流通加工中心人才、设备、场所的优势，对产品进行深度加工，如对钢材定尺、定型，按需求下料；将木材、铝合金加工成各种可直接投入使用的型材；冷拉钢筋及冲制异型零件；钢板预制处理、整形、打孔等加工等，使消费者省力，方便了消费。

（4）为提高产品利用率的流通加工。利用流通领域的集中加工代替原分散在各使用部门的分散加工，不仅可以减少原材料的消耗，提高加工质量，而且还能使加工后的副产品得到充分利用。

（5）为提高物流效率，降低物流损失的流通加工。对于一些形状特殊，影响运输、装卸作业效率，极易发生损失的物品进行加工，可以弥补其物流缺陷。如对自行车在消费地进行装配加工，将造纸用材料磨成木屑的加工，对石油气的液化加工等，均可提高物流效率。

（6）为衔接不同运输方式的流通加工。某些流通加工可以帮助克服生产大批量、高效率的输送与消费多品种、多户头的矛盾。如水泥中转仓库从事的散装水泥袋装流通加工以及将大规模散装转化为小规模散装，就属于这种流通加工形式。

（7）为实现高效率配送而进行的流通加工。配送中心通过对物品进行各种加工，如拆整化零、定量备货、定时供应等，为实现高效率配送创造了条件。

（8）为促进销售的流通加工。流通加工可以从若干方面起到促进销售的作用。如将过大包装或散装物（这是提高物流效率所要求的）分装成适合一次销售的小包装的分装加工；将原来以保护产品为主的运输包装改装成以促进销售为主的装潢性包装，以起到吸引消费者、指导消费的作用；将零配件组装成用具、车辆以便直接销售；将蔬菜、肉类洗净切块以满足消费者要求等。这种流通加工有可能不改变"物"的本体，只进行简单改装的加工，也有许多是组装、分块等深加工。

2. 我国流通加工的主要形式

我国流通加工的主要形式包括剪板加工、集中开木下料、配煤加工、冷冻加工、分选加工、精制加工、分装加工、组装加工、加工定制、生产流通一体化等。

（1）剪板加工。剪板加工是指通过在固定地点设置剪板机进行下料加工，或设置各种切割设备将大规格钢板切小或切成毛坯的流通加工。

（2）集中开木下料。集中开木下料是指在流通加工点，将原木锯截成各种木材，同时将碎木/碎屑集中加工成各种规格板材，还可以进行打眼、凿孔等初级加工。

（3）配煤加工。配煤加工是指在使用地区设置加工点，将各种煤及一些其他发热物质，按照不同配方进行掺配加工，生产出各种不同发热量的燃料，如无锡燃料公司开展的动力配煤加工等。

（4）冷冻加工。冷冻加工是指为解决鲜肉/鲜鱼等在流通中的保鲜及搬运装卸问题，所采取的低温冷冻的加工方式。

（5）分选加工。分选加工是指针对农副产品的规格/质量离散较大的情况，为获得一定规格的产品而采取的人工或机械分选的加工方式。

（6）精制加工。在农牧副渔等产品的产地和销售地设置加工点，去除无用部分，甚至可以进行切分、洗净、分装等加工。

（7）分装加工。这是指为了便于销售，在销售地区按所要求的零售起点进行新的包装、大包装改小包装、散装改小包装、运输包装改销售包装等。

（8）组装加工。组装加工是指采用半成品（高容量）包装出厂，在消费地由流通部门所设置的流通加工点进行拆箱组装，随即进行销售。

（9）加工定制。企业委托外厂进行加工和改制，是弥补企业自身加工能力不足的一项措施，如加工非标准设备、工具、配料、半成品等。加工定制可分为带料加工和不带料加工，前者由使用单位供料、加工厂负责加工，后者由加工厂包工包料。

（10）生产流通一体化。依靠生产企业与流通企业的联合，或者生产企业涉足流通，或者流通企业涉足生产，形成的对生产与流通加工进行合理分工、合理规划、合理组织，统筹进行生产与流通加工的安排，这就是生产流通一体化的流通加工形式。这种形式可以促成产品结构及产业结构的调整，充分发挥企业集团的经济技术优势，是目前流通加工领域的新形式。

六、配送

如今，我们走在路上经常会看到这样的场景：牛奶配送、蔬菜配送、水果配送、生鲜物品的冷链物流配送等大量配送车辆，包括最新推出的无人配送车，它们穿梭在大街小巷、忙忙碌碌地运送着各种商品。这种送货方式极大地方便了人们的日常生活，受到大众越来越普遍的欢迎。蔬菜配送车和无人配送车如图2-24和图2-25所示。

图2-24　蔬菜配送车

图2-25　无人配送车

（一）配送的内涵

《物流术语》（GB/T 18354—2021）对配送（distribution）的定义为：根据客户要求，对物品进行分类、拣选、集货、包装、组配等作业，并按时送达指定地点的物流活动。拣选作业和组配作业如图2-26和图2-27所示。

图2-26　拣选作业

图2-27　组配作业

配送的内涵如下：

（1）配送的实质是一种高水平送货。与送货相比，配送是一种有确定组织和渠道，有现代化管理技术和装备作保障的物流模式。以客户为中心，以需求为导向，客户需要什么就送什么；而一般送货只是一种附属的服务方式，以货主为中心，货主有什么就送什么。

（2）配送是"配"与"送"的有机结合。配送把"配"和"送"有机结合在一起，利用有效的分拣配货作业，使送货达到一定规模，利用规模优势取得较低的送货成本。

（3）配送是相对于运输而言的概念。相对于运输而言，配送是一种末端运输。配送与运输的比较如表2-8所示。

（4）配送本身是一种商业行为。在以用户要求为出发点的送货中，配送追求作业组织的合理性，即在时间、速度、服务水平、成本、数量等多方面寻求最佳，实现双方互惠共赢。

表2-8 配送与运输比较表

比较项目	运输	配送
线路	从工厂到物流中心	从物流中心到终端客户
运输批量	批量大，品种少	小批量，多品种
运输距离	长距离干线运输	短距离支线运输、末端运输
运输工具	大型货车、火车、船舶	小型货车
服务考量	主要看服务效率	主要看服务质量
附属功能	单一（装卸、捆包）	几乎涵盖了物流的所有功能要素

（二）配送的作用

1. 完善和优化物流系统

配送可以在一定范围内，将干线、支线运输及仓储等环节统一起来，使干线运输过程及功能体系得以优化和完善，形成一个大范围的物流与局部范围配送相结合的、完善的物流配送系统，如图2-28所示。

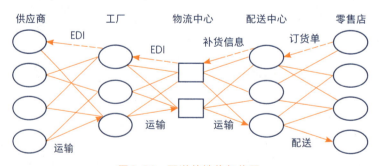

图2-28 配送的地位与作用

2. 实现低库存或零库存

企业可以通过配送将原来自营的仓储、运输等业务外包给专业的物流公司来完成，从而降低企业内部的库存量，甚至可以实现零库存。

3. 提高末端物流的经济效益和社会效益

配送采取将多品种商品配齐后集中发货、或将多个用户的小批量商品集中发货等措施，使货物量达到一定的规模，利用规模优势提高末端物流的经济效益。同时，配送也有利于环保，促进了绿色物流的发展，产生了社会效益。

4. 简化事务，方便客户

采用配送方式，用户只需要向一处订购，就能达到向多处采购的目的，不但减少了费用，还大大减轻了用户的工作量和负担，方便了用户。

5. 提高供应保障程度

利用配送的及时性，用户可以减少因缺货而影响生产的风险，提高供应保障程度。

（三）配送的分类

1. 按配送组织者不同分类

按配送组织者不同分类如图2-29所示。

图2-29　按配送组织者不同分类

2. 按配送时间及数量不同分类

按配送时间与数量不同分类，如表2-9所示。

表2-9　按配送时间与数量不同分类

类别	内容
定时配送	按固定的时间和时间间隔配送，一般常用日配（24小时内送达）
定量配送	按规定的批量在规定的时间配送
定时定量配送	按规定的时间和批量在规定的时间配送
定时定路线配送	在规定的线路上，按规定的时间表配送
即时配送	按照客户提出的时间、数量等配送要求，实时配送，使客户可以实现零库存，体现了配送企业的快速响应能力

3. 按配送商品种类及数量不同分类

按配送商品种类及数量不同分类如表2-10所示。

表2-10　按配送商品种类和数量不同分类

类别	内容
单品种、大批量配送	可整车运送
多品种、少批量配送	可集零为整后再运送
配套成套配送	根据装配型企业的生产需要，把生产每一台件所需的全部零部件配齐，按照生产节奏定时送达生产企业，生产企业随即可将此成套零部件送上生产线以装配产品

4. 按加工程度不同分类

配送按加工程度不同分类如表2-11所示。

表2-11　配送按加工程度不同分类

类别	内容
加工配送	与流通加工相结合的配送
集疏配送	只改变产品数量组成形态，而不改变产品本身的物理、化学形态，如大批量进货后小批量多次发货，或者零星集货后形成一定批量再送货等

（四）配送中心的概念

1. 配送中心的定义

《物流术语》（GB/T 18354—2021）将配送中心（distribution center；DC）定义为：具有完善的配送基础设施和信息网络，可便捷地连接对外交通运输网络，并向末端客户提供短距离、小批量、多批次配送服务的专业化配送场所。应基本符合下列要求：

（1）主要为特定客户或末端客户提供服务；

（2）配送功能健全；

（3）辐射范围小；

（4）提供高频率、小批量、多批次配送服务。

2. 对配送中心概念的解析

配送中心概念解析如表2-12所示。

表2-12　配送中心概念解析列表

条目	解释
主要为特定用户服务	一般情况下，配送中心主要服务于某一类用户，或流通企业，或生产企业，或其他类型的特定用户

条目	解释
配送功能健全	配送几乎包含了物流活动中所有的功能要素,如储存、搬运装卸、流通加工、包装、运送、物流信息等,是物流的一个缩影和综合体现
辐射范围小	配送中心的辐射范围受限于它的经济合理区域
多品种、小批量	配送中心为了配合生产企业和流通企业满足日益多样化、个性化、迅速多变的市场需求,而采取的物流措施和物流作业
以配送为主,以储存为辅	配送中心强调物品的流动,储存只是暂时的
完善的信息网络	基于配送活动环节紧凑、设计面广、时效性强等特点,需要有一个完善的信息系统和信息网络作为保障

(五)配送中心的分类

按配送中心的作用不同,可以把配送中心分成以下类别:

1. 根据运营主体不同分类

根据运营主体不同,配送中心可以分为制造商型配送中心、批发商型配送中心、零售商型配送中心和专业配送中心。

2. 根据功能侧重点不同分类

根据功能侧重点不同,配送中心可以分为存储型配送中心、流通型配送中心和加工型配送中心。

3. 根据服务范围不同分类

根据服务范围不同,配送中心可以分为城市配送中心和区域配送中心,如表2-13所示。

表2-13　配送中心按服务范围分类

类别	描述
城市配送中心	面向一座城市,属于汽车运输的经济里程,可直接配送到最终用户。往往和零售经营相结合,运距短,反应能力强,优势在于从事多品种、少批量、多用户的配送
区域配送中心	面向省内、国内、国际,配送规模较大,客户规模也较大,配送批量大,往往是配送给下一级城市配送中心,也配送给营业场所、商店、批发商和企业用户等

4. 根据配送货物的属性不同分类

根据配送货物的属性不同,配送中心可以分为食品配送中心、日用品配送中心、医药品配送中心、化妆品配送中心、家电品配送中心、电子产品配送中心、汽车零件配送中心，以及生鲜处理中心等。

（六）配送中心的功能

配送中心的功能大体分为基本功能和增值功能两大类。

1. 配送中心的基本功能

配送中心的基本功能主要围绕物流展开，包括集散功能、衔接功能、运输功能、储存功能、分拣功能、装卸搬运功能、包装功能、流通加工功能和物流信息处理功能等。

2. 配送中心的增值功能

配送中心的增值功能主要围绕物流、商流、信息流、资金流展开，具体包括结算功能、需求预测功能、物流系统设计咨询功能、物流教育与培训功能等。配送中心不仅方便了人们的日常生活，也是人们在重大灾难面前的保供设施。当重大灾难来临时，物流人依托仓储和配送设施，利用物流科技为人们的日常生活和救助提供物资供应保障。

【德技并修】

科技赋能抗疫，云仓保供生活——全国物流行业劳动模范张青松

张青松入选了武汉"黄鹤英才计划"，现任九州通医药集团物流有限公司总经理兼湖北九州云仓科技发展有限公司总经理。

2020年1月31日，受武汉市新冠肺炎疫情防控指挥部指派，武汉九州通医药集团物流有限公司正式接管指定库房，协助红十字会进行捐赠物资和药品的仓储管理工作。张青松临危受命，"逆行"返岗，"接管"武汉市红十字会物资管理后，他带领团队深入一线，连续80天不休息，平均每天工作14小时以上。充分发挥自身在医药物流领域的专业能力、技术优势和管理水平，运用九州云仓物流管理系统，保障捐赠物资和药品的入库、分类、保管和出库等工作，很快理顺了管理，受到了社会广泛赞誉。张青松充分调动社会资源，在保证健康安全的前提下，统筹好疫情防控和仓储管理。每天认真做好消杀工作，从货运司机测温消毒，到车辆外观以及内部整体消杀，甚至连车轮胎都不漏下，做到全覆盖，无死角。他负责火神山、雷神山和方舱医院的物资保供，张青松用科技阐释了医药人的社会责任和担当，用细节诠释了对党和人民的忠诚。

七、物流信息

（一）物流信息的概念

物流信息是指与物流活动有关的一切信息。《物流术语》（GB/T 18354–2021）对物流信息（logistics information）的定义为：反映物流各种活动内容的知识、资料、图像、数据的总称。

动画
认识信息

（二）物流信息的特征

物流信息的特征如下：

（1）物流信息范围大，信息量大，信息点多。

（2）物流信息及时性、动态性强，信息的采集、加工处理速度快。以库存信息为例，同一时间仓库既有进货信息又有出货信息，库存信息始终处在动态更新之中。

（3）物流信息种类多。物流信息既来源于物流系统内部，又来源于与物流系统相关的其他系统，如生产、销售、消费等系统，因而采集物流信息时必须同时收集这些方面的信息。

（4）物流信息共享性强。共享是物流信息的一个重要的特征。在运输、仓储、装卸搬运、包装、流通加工、配送等环节，都需要记录货物名称，货物条码反复使用，共享性强。

（5）关联性强。物流活动在逐步推进过程中，很多物流信息都是相关联的。例如，装卸信息通常与入库信息相关联等。

（三）物流信息的分类

1. 按信息产生领域分类

按信息产生领域不同，物流信息可分为：运输信息、仓储信息、流通加工信息、包装信息、装卸信息、配送信息等。

2. 按信息环节分类

按信息环节不同，物流信息可分为：输入物流系统的信息、物流活动输出的信息等。

3. 按信息的作用层次不同分类

按信息的作用层次不同，物流信息可以分为以下类别：

（1）基础信息。基础信息是开展物流活动的基础，是最初的信息源，如物品基本信息、货位基本信息等。

（2）作业信息。作业信息是物流作业过程中产生的信息。信息的波动性大，具有动态性，如库存信息、到货信息等。

（3）协调控制信息。协调控制信息是指物流活动的调度信息和计划信息等。

（4）决策支持信息。决策支持信息是指能对物流计划、决策、战略具有影响的信息或有关的宏观信息，如科技、产品、法律等方面的信息等。

（四）物流信息的作用

1. 对物流活动起支持和引导作用

物流系统是一个由多个行业、部门及多个企业群体构成的经济大系统。系统内部正是通过各种指令、计划、文件、数据、报表、凭证、广告、商情等物流信息，建立起各种纵向和横向的联系。例如，沟通生产厂家，联系批发商、零售商、物流服务商和消费者，满足各方需求等。因此，物流信息是沟通物流活动各环节之间联系的桥梁。

2. 对物流资源起引导和协调作用

随着物资、货币及物流当事人的行为等物流信息载体进入物流供应链中，信息的反馈也随着信息载体进入供应链上下游各个环节，依靠物流信息及其反馈可以引导供应链结构的变动，优化物流布局；协调物资结构，使供需平衡；协调人、财、物等物流资源配置，促进物流资源的整合和合理配置等。

3. 对物流过程起管控作用

通过移动通信、计算机信息网、电子数据交换（EDI）、全球定位系统（GPS）或北斗等技术实现物流活动的电子化，如货物实时跟踪、车辆实时跟踪、库存自动补货等，用信息化代替传统的手工作业，有效管控物流运行，提高服务质量，降低物流成本。

4. 缩短物流管道，提高服务水平

为了应对需求波动，在物流供应链的不同节点上通常设置有库存，包括中间库存和最终库存。这些库存增加了供应链的长度，提高了供应链成本。但是，如果能够实时掌控供应链上不同节点的信息，就可以发现供应链上的过多库存并及时进行缩减，从而缩短物流链，提高物流服务水平。

5. 辅助物流决策分析

物流信息是制定物流决策方案的重要基础和关键依据。物流管理决策过程本身就是对物流信息进行深加工的过程，是对物流活动发展变化的规律性认识过程。物流信息可以协助物流管理者鉴别、评估、比较物流战略和策略的可选方案，如车辆调度库存管理、设施选址、资源选择、流程设计，以及有关作业比较和安排的成本－收益分析等，这些决策均是在物流信息的辅助下才能做出的。

6. 支持战略计划

作为决策分析的延伸，物流战略计划涉及物流活动的长期发展方向和经营方针，如企业战略联盟的形成、以利润为基础的顾客服务分析，以及能力和机会的开发和提炼等。作为一种更加抽象、松散的决策，它是对物流信息进一步提炼和开发的结果。

7. 价值增值作用

物流信息本身是有价值的。在物流领域中，物流信息在实现其使用价值的同

时，其自身的价值又呈现增长趋势，即物流信息本身具有增值特征。企业有效利用物流信息，能优化物流系统，实现降本增效。

❌【降本增效】
上云用数，九州云仓赋能降本增效

九州云仓是九州通物流自主研发的一个物流供应链生态云服务系统。九州云仓通过打通供应链的信息流、物流、资金流，连接F端（厂家）、B端（九州通）、B端（零售商）、C端（消费者），帮助合作伙伴开拓市场，进行进销存管理、客户管理、仓配一体化服务，赋能降本增效。九州云仓集成了大量的智能装备。仓储作业的入库、存储、输送/搬运、分拣、扫码/复核、集货/配送作业环节全面集成使用。

（1）在入库环节，投入无线收货小车、PDA复核设备、自动化托盘输送机、自动拆（合）盘输送机。

（2）在存储环节，投入大型立体仓库系统（AS/RS）、智能箱式穿梭车系统、流利式货架存储。

（3）在输送搬运方面，投入AGV、RGV、螺旋输送机、动态称重及外形检测设备、自动打印贴标机、高速分拣机、红外感应、激光扫描设备。

（4）在分拣环节，投入拆零智能拣选小车（含EPC小车）、立体库货到人拣选、拆零P&DSTATION作业设备、无轨导引小车。

（5）在识别方面，多采用高速读码设备、多维视觉识别设备、条码复核分拣设备。

（6）在集货/配货环节，投入高速滑块分拣机等。

经统计，九州通武汉东西湖现代医药物流中心整箱采用托盘集装箱化比例高达90%，所有货物和容器都具有唯一可识别条码，入存拣配各环节全程自动扫码，货物全程可追溯。智能装备的投入实现了作业同步性提升16%，作业准确率提升至99.99%，日行走距离减少3.4 km，作业时长缩短2小时，峰值出库能力提升3倍。

疫情期间，九州通利用九州云仓通过沟通与组织供应链上下游，组建高效协同的应急供应链体系，高效处理了红十字会捐赠物资的仓库管理和武汉防疫物资的保供，受到业界好评。

目前，九州云仓已走进第三方市场，利用平台将全国125个物流中心、1 700余台运输车辆、700余家外部运力资源集中并网，服务于医药批发、零售连锁、电商、冷链、生鲜、第三方物流等12个行业，输出150多个成功案例。

【问题与思考】
九州通物流自主研发的九州云仓是一个集成物流系统吗？为什么它是一个降本增效的措施？

第二节
现代物流系统

一、系统

（一）系统的概念

系统是指由两个或两个以上相互区别又相互联系的单元之间有机结合起来而完成某一功能的综合体。系统的形成应具备以下条件：

（1）系统是由两个或两个以上要素组成的，单一要素不能构成系统。

（2）各要素之间相互关联、相互制约，使系统保持相对稳定。

（3）系统具有一定的结构，并需要保持一定的有序性，使其具有特定的功能。要素是系统最基本的单元，也是系统存在的基础和载体。系统作为一个整体具有一定的功能，需要通过要素之间的相互联系来实现。例如，在一个企业内部的系统中，正是通过人、财、物、信息等诸多要素相互结合而形成各种联系来开展生产和经营活动的。

系统的内部及其外部具有某种特定关系：一是系统内部（要素、子系统）之间的关系，称之为系统内部关系；二是系统内部某一部分（要素、子系统）与该系统之间的关系，即整体与个体的关系；三是系统自身与外部环境之间的关系，即系统内部与外部的关系。系统的一般模式由输入、处理、输出三个要素构成，如图2-30所示。

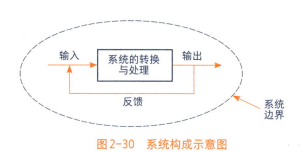

图2-30　系统构成示意图

（二）系统的特征

从系统的概念及其某些特定的关系中可以看出，系统具有集合性、关联性、目的性、动态性、适应性等特征。

1. 集合性

系统的集合性是指系统必须有两个或两个以上既有一定区别又有一定联系的要素组成的整体。这种集合体的功能不是各个要素功能的简单相加，而是按照逻辑统一性要求组成的整体。系统中任何一个要素的功能都不能代替系统的整体功能。

2. 关联性

系统的关联性是指系统自身的构成要素之间存在着相互作用和相互依赖的内在联系。这种内在联系使系统内部任一要素的变化都会影响其他要素的变化。

3. 目的性

系统的目的性是指任何一个系统都要以实现某种功能为目的，系统具有明确的目标。

4. 动态性

系统的动态性是指系统处于不断运动与变化之中。也就是说，系统要输入各种能量、物质和信息，通过转换处理，输出满足人们某种期望的功能。人们也正是在系统的动态发展中实现对系统的管理和控制，以便充分发挥系统的功能。

5. 适应性

系统总是处于一定的环境之中，受环境的约束。当环境发生变化时，系统的功能就会受到影响。因此，系统必须具有自我调节能力，以适应环境的各种变化。这种自我调节的应变能力称为系统的环境适应性。

二、物流系统

（一）物流系统的概念

物流系统是指在一定的时间和空间条件下，将诸多物流要素（运输、仓储、配送、包装、装卸搬运、物流信息、客户增值服务等）经过分析、设计，整合成一个有机整体。用系统观点来组织物流活动是现代物流的核心问题，物流系统的建立也是现代物流与传统物流的根本区别。对物流系统的理解应把握以下几点：

1. 物流系统是一个多要素系统

物流系统是指在一定时间、空间范围内，由所需输送的物流产品和包括有关的设备、装卸搬运机械、运输工具、仓储设施、运输道路、流通加工和废弃物回收处理设施等若干相互制约的动态要素构成的具有特定功能的有机整体。

2. 物流系统是一个动态系统

物流系统的各要素处在动态变化之中，它们相互作用、相互依赖、相互制约，构成了一个动态系统。

3. 物流系统自身处在一个更大的系统之中

物流系统是一个具有包装、装卸搬运、运输、仓储、配送、流通加工、废弃物回收处理，以及情报信息收集、加工整理等功能的有机整体。这个有机整体同时又处于整个国民经济系统环境之中。

总之，物流系统是由物流各要素组成的，它是物流各要素之间有机联系并使物流总体具有合理化功能的综合体。

（二）物流系统的构成

从物流系统的构成内容看，物流系统的构成包括物流系统的范围、物流系统的构成要素、物流系统的各种关系、物流系统的层次结构等。物流系统的范围横跨生产、流通和消费三大领域，它既包括生产过程中的物流活动，又包括流通过程中的物流活动；涵盖从生产厂家的原材料采购，到生产过程中形成可供销售的半成品、产成品，并将其运送至成品库，再到包装后分类转运至各流通中心，最后配送至消费者，使其用于生产消费或生活消费。

物流系统的要素包括一般要素、功能要素、物质基础要素和支撑要素等。物流系统的一般要素是指构成物流系统的基本要素，由人、财、物构成，包括劳动者、资金、物品等要素。物流系统的功能要素是指物流系统所具备的基本能力。这些能力的有效组合、联结，形成了物流系统的总功能，合理有效地实现了物流系统的总目标。物流系统的物质基础要素是指建立与运行物流系统所需的大量技术装备，包括物流设施、设备、工具、物流信息技术、网络组织与管理等。物流系统的支撑要素主要包括国家对物流行业的管理体制与法律法规、行政命令及标准化系统。物流系统涉及国民经济的各方面，需要协调与其他各系统的关系。

按物流系统的结构划分，一个企业的物流系统大致可分为物流作业系统与物流信息系统。

1. 物流作业系统

物流作业系统是指为了实现物流各项作业功能效率化，并通过各项作业功能的有机结合而促进物流整体效率化的统一体。物流作业系统包括运输、储存保管、装卸搬运、流通加工、配送等作业子系统。

当前，一些先进的科学技术成果正运用于物流作业系统，如立体仓库、机器人技术、人工智能技术、大数据技术等。先进技术的应用大大提高了物流作业系统运作的效率。

2. 物流信息系统

物流信息系统是指将采购、生产、销售等活动有机联系在一起的系统。它是通过信息的顺利传递与流动，强化库存管理、订货处理等作业活动效率化的支持系统。物流信息系统包括对物流作业系统中各项活动下达命令，实时控制和反馈协调等信息活动。在物流信息系统中广泛应用的先进技术包括计算机、网络、全球卫星定位系统、地理信息系统、条码技术、射频技术、光电技术等。物流信息系统的广泛应用提高了物流系统的准确性及物流智能化水平，实现了降本增效。

（三）物流系统的目标

物流系统的目标包括以下几方面：

1. 客户服务目标

物流系统联结生产与消费，是流通系统的一部分，起到桥梁与纽带作用，它有很强的服务性。物流系统的客户服务目标就是为客户创造价值。

2. 快速、及时目标

快速、及时是现代物流系统的一个重要目标。物流领域采取的将商品放在离消费者最近的位置就是实现这一目标的具体路径。

3. 节约目标

节约是经济领域的重要规律，在物流领域降低投入、提高产出是物流系统的目标。

4. 规模优化目标

相较于生产系统，物流系统稳定性差，难以形成标准化模式。在物流领域以分散或集中等不同方式建立物流系统，是物流集约化的一条重要举措。

5. 库存调节目标

库存调节是服务性的延伸，也是宏观调控的要求，涉及物流系统自身的效益。在物流领域中确定库存方式、库存数量、库存结构、库存分布等是物流系统库存调节目标的具体表现。

【同步测试】

一、单项选择题

1. 运输是指利用载运工具、设施设备及人力等运力资源，使货物在较大空间上产生（　　　）的活动。

    A. 水平移动　　　B. 垂直移动　　　C. 旋转移动　　　D. 位置移动

2. 公路运输主要承担近距离、小批量的货物运输，也是车站、港口和机场（　　　）的重要手段。

    A. 装卸货物　　　B. 搬运货物　　　C. 集散货物　　　D. 存放货物

3. 仓储是指利用仓库及相关设施设备进行物品的入库、储存、（　　　）的活动。

    A. 搬运　　　　B. 出库　　　　C. 流通加工　　　D. 装卸

4. 配送是指根据（　　　）的要求，对物品进行分类、拣选、集货、包装、组配等作业，并按时送达指定地点的物流活动。

    A. 政府　　　　B. 企业　　　　C. 部门　　　　D. 客户

5. 物流系统是一个多要素系统、动态系统、（　　　）。

    A. 自身处在一个更大的系统之中　　　　B. 综合系统

    C. 孤立系统　　　　　　　　　　　　　D. 静态系统

二、多项选择题

1. 按照运输工具的不同，运输方式包括（　　　　　）和管道运输。

    A. 水路运输　　　B. 公路运输　　　C. 铁路运输　　　D. 航空运输

2. 配送的作用体现在完善和优化物流系统、提高了末端物流的经济效益和社会效益、（　　　　　）。

    A. 提高了原材料的利用率

    B. 实现低库存或零库存

C. 简化事务，方便用户

D. 提高供应保障程度

3. 仓储的作用体现在（　　　　）。

A. 加工功能

B. 分类和转运功能

C. 整合功能

D. 储存和保管功能

4. 装卸搬运的作用体现在（　　　　）。

A. 在物流活动转换中起衔接和支持作用

B. 是提高物流系统效率的关键

C. 可减少货物的损失

D. 能降低物流总成本

5. 物流信息的作用主要有对物流资源起引导和协调作用；缩短物流管道，提高服务水平；辅助物流决策分析；（　　　　）。

A. 对物流过程起管控作用

B. 支持战略计划

C. 对物流活动起到支持和引导作用

D. 价值增值作用

三、判断题

1. 水路运输适用于大批量、特别是散装货物和低值货物运输，是国际贸易运输的主体。（　　　）

2. 在物流系统中，运输占据核心地位，主要创造出产品的空间价值。（　　　）

3. 航空运输适用于时效性强或紧急需要的、单位价值高、运费承担能力强的货物。（　　　）

4. 配送环节一头连接配送中心，另一头连接消费者，是物流活动的最后一公里。（　　　）

5. 共享是物流信息的一个重要特征。（　　　）

【 综合实训 】

实训项目： 物流系统故事会。

实训目标： 训练学生的表达能力和系统思维能力。

实训资料： 结合自己的生活体验，说一说身边的物流系统故事。

实训要求：

（1）提供一个真实案例。

（2）具有一定的故事情节。

（3）能体现出一定的物流功能要素知识。

（4）具有较好的文字功底。

实训指导：

（1）通过文献检索各物流功能要素及概念，并观察校园或常住地周边相关物流系统现象。

（2）查找与物流相关的门户网站，如中国物流与采购联合会网站，了解相关物流活动与系统构建。

（3）以小组为单位探讨物流系统与我们生活的关联。

（4）结合自身物流体验，完成物流系统故事并进行成果展示。

实训评价：

实训评价表

班级：　　　　　　　　　姓名：　　　　　　　　学号：

学习情景：物流系统故事讲述

评价项目	评价标准		分值	得分
考勤（10%）	没有无故迟到、早退、旷课现象		10	
工作过程（60%）	案例真实	能编写完整的物流系统案例	10	
	故事情节	有与物流系统构成要素概念相对应的故事情节	5	
	物流知识	有与案例相对应的物流系统功能要素知识	10	
	文字功底	语句通顺	5	
	工作态度	态度端正、工作认真、积极主动	10	
	沟通协调能力	能与团队成员合作交流、协调工作	10	
	职业素养	具有服务意识、成本意识、系统观念	10	
项目成果（30%）	工作完整		5	
	工作规范		10	
	案例报告		10	
	成果展示		5	
合计			100	

03

Chapter

第三章

物流技术与装备管理

知识目标

- 掌握物流技术的概念及分类、物流技术装备的分类、作用及配置原则
- 了解现代物流技术装备特征和发展方向、典型物流技术装备的主要类型
- 掌握各种物流技术装备及其功能作用
- 了解各类典型物流技术装备的应用情况，物流技术装备标准化的作用、现状、基础和方法
- 掌握智慧物流的定义、发展情况及新特点，各种智慧物流技术及其发展趋势

技能目标

- 能根据实际情况配置物流技术及装备
- 能举例说明各类物流技术装备的功能与作用
- 能解释物流技术装备标准化的作用
- 能举例说明各种智慧物流技术的优势

素养目标

- 能养成数字思维能力
- 能培养运用先进的物流技术装备保障流通的责任感
- 培养精益提质、安全降本意识、养成线上线下混合学习习惯

● 思维导图

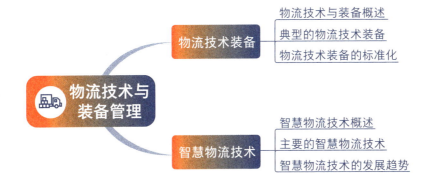

【引导案例】
智能快递柜的春天

近年来，我国快递物流业务量一直保持着高速增长态势，2018—2020年快递物流业务量复合增长率为19.5%，不断增长的业务量给快递末端带来了极大的配送压力。2020年2月6日，在国务院应对新冠肺炎疫情联防联控机制新闻发布会上，国家邮政局市场监管司副司长侯延波表示：病毒通过邮件快件传播的风险极低，可以正常接收邮件快件，要积极推广定点收寄、定点投递、预约投递、智能快递箱等模式。

由此，各大智能快递柜企业在快递业务的"催促"下顺势诞生。如丰巢凭借物流起家的经验优势，快速打通与主流物流企业的系统对接，实现快递路由信息互通，支持多家快递公司在线下单的寄递服务，并规范电子运单统一管理，且具备完善的业务结算系统，确保多方合作的有效开展。该品牌快递柜现已快速在全国布局，并已进驻各大知名物业、地产集团，并与各地政府、事业单位携手全力打造"互联网＋新型智能快递柜"服务。

案例思考：
1. 智能快递柜这种物流设备的优势是什么？
2. 为什么国家如此重视智能快递柜的发展？

案例分析：
智能快递柜自推出以来就自带"物流最后一公里难题终结者"的光环，被视为解决快递末端配送最有效的解决方案。新冠肺炎疫情下，"无接触配送"一词横空出世，减少人员接触是防疫的一种较好举措，智能快递柜无疑是"无接触配送"的最佳选择。在政策的号召之下，智能快递柜担起"无接触配送"服务重要载体的重任。在疫情面前，人人都是防线，使用智能快递柜收取快递更安全，这种物流设备的优势将得到进一步发挥。

第一节
物流技术装备

一、物流技术与装备概述

微课
物流技术与
装备概述

（一）物流技术

1. 物流技术的概念

《物流术语》（GB/T 18354–2021）对物流技术（logistics technology）的定义为：物流活动中所采用的自然科学与社会科学方面的理论、方法，以及设施、设备、装置与工艺的总称。

物流技术不是一种独立的新技术，它是多学科技术在物流领域的综合利用。物流技术不是其他技术的简单相加或直接应用，而是各种技术综合应用的结果。

2. 物流技术的分类

（1）按技术形态不同，物流技术可以分为物流硬技术和物流软技术。

（2）按应用范围不同，物流技术可以分为运输技术、仓储技术、保管技术、装卸搬运技术、包装技术、集装技术、分拣技术、流通加工技术、计量技术、物流系统规划和管理技术。

（二）物流技术装备

物流技术装备是在物流活动的各个环节中所使用的物流机械设备和器具的总称。物流技术装备种类繁多，品种复杂，功能各异，往往是同一种物流装备通过组合集成，以实现多种功能。

狭义的物流技术装备主要包括集装单元化器具、运输设备、装卸搬运技术装备、仓储技术装备、分拣技术装备、包装技术装备和物流信息技术装备。广义的物流技术装备还包括由上述物流技术装备所构成的各类物流设施，如仓库、配送中心、货运场站、集装箱场站等。《物流术语》（GB/T 18354–2021）将物流设施（logistics facilities）定义为：用于物流活动所需的、不可移动的建筑物、构筑物及场所。将物流设备（logistics equipment）定义为：物流活动所需的装备及器具的总称。

（三）物流技术装备的作用及配置原则

1. 物流技术装备的作用

物流技术装备影响着物流活动的每个环节，在物流活动中处于十分重要的地位。物流技术装备对物流系统的正常运行、保证其服务水平及运行效率有着极其重要的作用。

（1）物流技术装备是提高物流系统效率的主要手段。现代物流技术的应用对完善的物流系统起着决定性作用。随着科学技术的进步，物流活动的诸环节在各自的领域中都在不断提高技术水平。物流技术是推进科技进步、加快物流现代化的重要环节，也是提高物流效率的根本途径。许多物流新技术的研制开发，为现代物流的发展做出了积极贡献。实践证明，先进的物流技术是提高物流管理能力的重要推动力。

（2）物流技术装备是反映物流系统水平的主要标志。物流技术与物流活动紧密相关，物流技术及其装备水平的高低直接关系到物流活动各项功能的完善和有效实现，决定着物流系统的技术含量。物流技术装备的应用和普及程度直接影响着整体物流系统的水平。因此，物流技术装备水平的高低是物流系统水平先进与否的主要标志。

（3）物流技术装备是物流系统的主要成本因素。现代物流技术装备既是技术密集型的生产工具，也是资金密集型的社会财富所在。现代物流技术装备购置投资相当可观，为了维持系统正常运转、发挥设备效能，还需要不断投入大量资金。可见，物流技术装备是物流系统的主要成本因素。

2. 物流技术装备的配置原则

（1）标准化原则。在物流管理和作业中，选用标准化的物流技术装备，有利于降低设备和器具的购置管理费用，提高物流系统效率和经济效益，实现物流作业的统一化和功能的充分利用。

（2）适应性原则。在物流管理和作业过程中，物流技术装备的使用应能适应不同环境和任务的需要，这样才能保证物流技术装备的使用和操作符合简单、易掌握的要求。

（3）合理性原则。物流技术装备的技术先进程度、数量等要以适用为主，以防止闲置浪费。因此，物流技术装备的使用要认真分析需求，科学合理地选用。

（4）快速性原则。制造业企业为了保证生产，需要快速供应所需的原材料，这就要求物流系统以最快的时间运送，以快速、准确地把物料或货物运送到指定场所。

（5）及时性原则。物流活动要根据生产和经营的需要及时进行，否则就会影响物流系统的效率，这就要求按照生产进度和管理需要，合理地运用物流技术装备，以满足需要。

（6）准确性原则。准确性是指在仓储、运输、搬运过程中确保物流技术装备可靠、安全，以防止由于物流设备故障造成货物的损坏、丢失，因此对物流技术装备需进行科学管理。

（7）经济性原则。在保证物流技术装备的前提下，还需要注意在完成一定物流任务的条件下，投入的物流技术装备的最佳水平，以保证其能发挥作用最大，消耗费用最低。

（8）人性化原则。尽管现代物流技术装备自动化、智能化水平已相当高，但是有些时候、有些环节还需要人力搬运。因此，物流技术装备的使用应尽量减少体力劳动，减少人员步行距离和人力码垛的范围和数量。

（9）环保原则。物流技术装备的应用要充分考虑减少占地面积，提高土地利用率，充分利用空间，减少环境污染，降低噪声及辐射等方面的需要，符合建设美丽中国的总体要求。

（四）现代物流技术装备的发展趋势

1. 系统化、集成化

近年来，企业更加关注的是符合实际情况的合理化物流系统，而不是单一物流技术装备的性能和水平，物流系统化的理念已经深入人心。通过集成化物流系统将各种信息化技术、自动化技术、机械化技术，以及各种装备应用在各种大型物流设施中，形成一个更大的物流系统，以实现物流技术装备的最优化。

2. 信息化

随着信息技术的发展和在物流领域的广泛应用，信息技术成为现代物流技术装备的核心，现代化的物流设施与信息技术紧密结合在一起。物流技术装备与信息技术的完美结合，既是物流系统集成商追求的目标，也是其竞争力的体现。

3. 多样性和专业化

为了满足不同行业、不同规模的客户对不同功能的要求，物流技术装备的形式越来越多，专业化程度日益提高。同时，所提供的物流技术装备也从通用型向个性化、多样化发展，体现了更高的水准。

4. 标准化和模块化

随着经济全球化进程的加快，中国物流企业参与国际竞争的舞台更为广阔，使物流技术装备呈现出全球化趋势，只有实现了标准化和模块化才能与国际接轨，才能使物流企业更具有国际竞争力。

5. 绿色环保化

党的十九大报告提出建设富强、民主、文明、和谐、美丽的社会主义现代化强国，随着全球环境的恶化与人们环保意识的增强，物流技术装备的环保节能指标要求越来越高，绿色、节能成为物流技术装备的关键。

二、典型的物流技术装备

物流技术装备主要包括集装单元化技术装备、运输装备、物料搬运装备、仓储与分拣装备、包装技术装备和物流信息技术装备。

（一）集装单元化技术装备

集装单元化技术是指实施集装化作业系统所涉及的各种技术，即把有包装或无包装的物品整齐地汇集成扩大了的、便于装卸搬运的，并在整个物流过程中保持一定形状的作业单元的技术。

集装单元化技术装备主要包括如下几种：

1. 托盘

（1）托盘的定义。《物流术语》（GB/T 18354-2021）将托盘（pallet）定义为：在运输、搬运和存储过程中，将物品规整为货物单元时，作为承载面并包括承载面上辅助结构件的装置。

托盘是一种重要的集装器具，是在物流领域中适应装卸机械化而发展起来的一种集装器具，托盘的出现促进了集装箱和其他集装方式的形成和发展。托盘以其简单、方便的优点在集装箱领域中颇受青睐，托盘已成为和集装箱一样重要的集装方式，两者形成了集装系统的两大支柱。

（2）托盘的功能。托盘具有保护商品，减少损耗，便于装卸搬运，提高劳动效率，合理堆码储存，节省包装材料，简化包装工序，推动包装标准化等优点。

（3）托盘的分类。托盘可分为平托盘、柱式托盘、箱式托盘、轮式托盘和特种专用托盘等。其中，平托盘几乎是托盘的代名词，只要一提托盘，一般都是指平托盘。

2. 集装箱

（1）集装箱的定义。《物流术语》（GB/T 18354-2021）将集装箱定义为：具有足够的强度，可长期反复使用的适于多种运输工具而且容积在 1 m^3 以上（含 1 m^3）的集装单元器具。其要点如下：

① 具有一定规格和强度进行周转用的大型货箱。它是一种包装方式，也是一种运输器具。

② 具有坚固耐久性，能反复使用。

③ 适用于在一种或几种运输方式中运输，在途中转运时，箱内货物无须换装。

④ 装有快速装卸和搬运装置。

⑤ 便于货物装满和卸空。

⑥ 具有 1 m^3 或 1 m^3 以上的容积。

（2）集装箱的分类。

① 按材料不同，集装箱可分为钢质集装箱、铝合金集装箱和玻璃钢集装箱。

② 按用途不同，集装箱可分为通用集装箱和专用集装箱。

③ 按结构不同，集装箱可分为内柱式集装箱、外柱式集装箱、预制骨架结构集装箱和薄壳式集装箱。

（3）几种常见的集装箱。

① 普通集装箱。普通集装箱也称杂货集装箱，用来运输无须温度控制的件杂货，如图3-1所示。这种集装箱使用范围极广，是最常见的一种集装箱，约占集装箱总数的70%～85%。

② 冷冻集装箱。冷冻集装箱分为外置和内置两种，温度可在−28℃～26℃调节，如图3-2所示。这种集装箱适合在夏天运输黄油、巧克力、冷冻鱼肉、炼乳、人造奶油等。

图3-1　普通集装箱　　　　　　　　　　图3-2　冷冻集装箱

③ 开顶集装箱。这是一种没有刚性箱顶的集装箱，但有可折叠式或可折式顶梁支撑的帆布、塑料布或涂塑布制成的顶篷，其他构件与通用集装箱类似。

④ 保温集装箱。这种集装箱箱内有隔热层，箱顶有能调节角度的进出风口，可利用外界空气和风向来调节箱内温度，紧闭时不受外界气温的影响。适合装运对温度和湿度敏感的货物。

⑤ 台架式集装箱。它是没有箱顶和侧壁，有的甚至连端壁也去掉，而只有箱底和四个角柱的集装箱，如图3-3所示。

这种集装箱可以从前后、左右及上方进行装卸作业，适合装载长大件和重货件，如重型机械、钢材、钢管、木材、钢锭等。台架式集装箱没有水密性，怕水湿的货物不能装运，或用帆布遮盖装运。这种集装箱适用于装载大型货物和重货，如钢铁、木材，特别是玻璃板等易碎的重货，利用吊车从顶部吊入箱内不易损坏，而且也便于在箱内固定。

⑥ 通风集装箱。通风集装箱具有专门的通风窗口，适用于装载初加工皮货、带根的植物或蔬菜、食品及其他需要一定程度通风和防止潮湿的一般杂货，它能有效地保证新鲜货物在运输途中不损坏或腐烂变质。

⑦ 罐式集装箱。罐式集装箱是为运输食品、药品、化工品等液体货物而制造的特殊集装箱。罐式集装箱主要由罐体和箱体框架两部分构成，罐体固定在箱体框架内，如图3-4所示。罐体顶部设有装货口（入孔），装货口的盖子必须有水密性，

罐底有排出口（阀门）。在运输途中，货物如呈半罐状态，可能对罐体有巨大的冲击力，造成危险。因此装货时，应确保货物为满罐。

图 3-3　台架式集装箱

图 3-4　罐式集装箱

⑧ 散货集装箱。散货集装箱主要用于装运粮食、水泥和粒状化学品等物料。它的外形与杂货集装箱相近，在一端有箱门，同时在顶部有 2～3 个装货口。装货口有圆形和长方形的两种。在箱门下方还设有两个长方形的卸货口。散货集装箱除了端门有水密性以外，箱顶的装货口与端门的卸货口也有很好的水密性，可以有效防止雨水浸入。散货集装箱也可用于装运普通的件杂货。

⑨ 汽车集装箱。汽车集装箱是在简易箱底装一个钢制框架，一般设有端壁和侧壁，箱底应采用防滑钢板。汽车集装箱有装单层和装双层的两种。所以，汽车集装箱一般不是国际标准集装箱。

3. 集装袋

《物流术语》（GB/T 18354–2021）将集装袋（Hexible freightbag）定义为：用柔性材料制成的袋式集装器具。集装袋的基本结构包括袋体（圆形和方形）和吊带（顶部吊带、底部吊带、无吊带），如图 3-5 所示。制作材料以高强度纺织材料为基材，表面涂橡胶或塑料。具有重量轻，柔性好，可折叠，基本不占空间，运输附加重量小，便于货物装卸搬运、堆垛和运输，密封性好的特点。

4. 其他集装容器

（1）集装网。指高强度纤维材料制成的网状集装器具，包括盘式和箱式两种类型。具有自身重量较轻，无效作业量少，价格便宜，使用成本较低，但对货物的保护能力较差，应用范围有限的特点。

（2）周转箱。《物流术语》（GB/T 18354–2021）将周转箱（returnable container）定义为：用于存放物品，可重复，循环使用的小型集装器具。周转箱具有耐酸碱，耐油污，无毒无味，承载强度大，使用方便，便于管理的特点。其规格尺寸（长×宽）包括 600 mm×400 mm、400 mm×300 mm，高度包括120 mm、160 mm、230 mm、290 mm、340 mm 等，以方便与托盘的尺寸匹配，如图 3-6 所示。周转箱的类型包括通用型、折叠型、斜插型。

（3）航空集装板。指具有标准尺寸且带有中间夹层的由硬质铝合金制成的平板，是一种标准化的集装箱器具。其结构由底表面平坦的平板和边框组成，四边带有卡锁轨或网带卡锁孔。

图3-5 集装袋   图3-6 周转箱

（二）运输装备

运输是在不同地域范围间（如两个城市、两个工厂之间，或一个大企业内相距较远的两车间之间），对"物"进行空间位移，以改变"物"的空间位置为目的的活动。按运输装备及工具不同，运输可分为公路运输、铁路运输、水路运输、航空运输和管道运输。任何运输方式的运输工具都可按用途不同，分为旅客运输工具和货物运输工具两类。旅客运输工具是专门为运送旅客设计的，是提供旅客坐的座位或卧的铺位的车船机。货物运输工具主要是为运送货物设计的，指提供货物堆码空间的车船机。

根据运输方式的不同，运输工具可分为如下几类：

1. 铁路运输工具

铁路运输工具主要包括铁路机车、铁路车辆和列车等。铁路机车是铁路运输的动力。铁路车辆和列车在铁路线路上有目的地移动都需要机车的牵引或推送。从原动力看，机车分为蒸汽机车、内燃机车和电力机车。铁路车辆分为客车和货车两大类，均由车体、行走部分、车钩缓冲装置和制动装置等组成。客车主要有软座车、硬座车、软卧车和硬卧车。货车主要有棚车、敞车、平车、罐车、冷藏车、散料车等。其他车辆有编挂在旅客列车上的餐车、邮政车、行李车和特种用途车等。列车是指按照有关规定编挂在一起的若干车辆，车列挂上机车，并配备列车乘务员和列车标志，即为列车。

2. 公路运输工具

在道路运输体系中，运输车辆主要包括客运车辆和货运车辆。轿车、微型客车、轻型客车、中型客车、大型客车，以及特大型客车（如铰接客车、双层客车等），都属于客运车辆的范畴。敞车、厢车、罐车（液槽车）、平板车等货运汽车，以及由多节挂车组成的汽车列车都属于货运车辆的范畴。

3. 水路运输工具

水路运输工具也称浮动工具（浮动器），包括船、驳、舟、筏。船和驳是现代水路运输工具的核心，分别是货船和客船。货船按其功能不同，可以分为杂货船、集装箱船、散货船、油船、液化气船、冷藏船、滚装船、驳船（barge）、载驳船等。客船是专门用来运送旅客及其携带行李的船舶。客船分为过宿型客船、客货船、双体船、水翼船、气垫船等。

4. 航空运输工具

航空运输工具通常是指专门用于运送旅客或货物的民用飞机。根据国际统一定义，航空运输工具还包括直升机、气球和气艇等。按照运输对象不同，民用飞机可以分为客机和货机两类。客机以运送旅客为主，运送货物为辅（腹舱载货）；货机则专门用于运送各类货物。

5. 管道运输工具

管道运输是一种特殊的运输方式，其运行方式有别其他运输方式。它的载货容器与原动机的组合较为特殊，载货容器为干管，原动机为泵（热）站，总是固定在特定的空间内，可将其视为运输工具。

（三）物料搬运装备

物料搬运是指在同一场所范围内进行的、以改变物料的存放（支承）状态（即狭义的装卸）和空间位置（即狭义的搬运）为主要目的的活动，即对物料、产品、零部件或其他物品进行搬上、卸下、移动的活动。

1. 物料搬运作业的特点

（1）具有"伴生"（伴随产生）和"起迄"性。

（2）具有"保障"和"服务"性。

（3）具有"闸门"和"咽喉"的作用。

（4）具有作业的均衡性与稳定性。

2. 物料搬运设备分类

（1）搬运车辆，包括手推车、托盘搬运车、电瓶搬运车、叉车和无人搬运车等。

（2）输送机。根据《物流术语》（GB/T 18354-2021），输送机（conveyor）指按照规定路线连续地或间歇地运送散状物品或成件物品的搬运机械。包括辊子输送机、链式输送机、带式输送机和悬挂输送机等。

（3）起重机械。根据《物流术语》（GB/T 18354-2021），起重机械（hoisting machinery）指一种以间歇作业方式对物品进行起升、下降和水平移动的搬运机械。包括一般通用起重机和立体仓库堆垛机等。

（4）垂直搬运机械，包括电梯、剪式升降台，以及各种垂直提升机等。

3. 典型物料搬运设备

（1）托盘搬运车。托盘搬运车是以搬运托盘为主的搬运车辆。托盘搬运车分为手动托盘搬运车和电动托盘搬运车，其特点是托盘搬运车体形小，重量轻，主要用于区域内装卸作业。

（2）手推车。手推车即人力手推车，分为两轮车和四轮车。手推车将装卸搬运活动连在一起，在仓库、车站和物流中心的装车、倒垛和配送作业中也常用到这种工具。

（3）平台搬运车。平台搬运车是室内经常使用的短距离搬运车辆。一般情况下，采用蓄电池或电动机为驱动力。

（4）牵引车。根据《物流术语》（GB/T 18354-2021），牵引车（tractor）是指具有牵引装置，用于牵引挂车的商用车辆。牵引车按动力种类不同分为内燃牵引车和电动牵引车，按动力大小不同分为普通牵引车和集装箱牵引车。

（5）叉车。《物流术语》（GB/T 18354-2021）对叉车（fork lift truck）的定义为：具有各种叉具及属具，能够对物品进行升降和移动以及装卸作业的搬运车辆。国际标准化组织ISO/TC110将叉车称为工业车辆，常用于仓储内大型物件的运输，通常使用燃油机或者电池驱动。叉车是以货叉作为主要取货装置，依靠液压起升机构升降货物，由轮胎式行驶系统实现货物水平搬运，具有装卸、搬运双重功能的机械设备。

叉车广泛应用于港口、车站、机场、货场、工厂车间、仓库、流通中心和配送中心等。在船舱、车厢和集装箱内进行托盘货物的装卸、搬运作业在托盘运输和集装箱运输中必不可少。

（6）自动导引车。根据《物流术语》（GB/T 18354-2021），自动导引车（automatic guided vehicle, AGV）是指在车体上装备有电磁学或光学等导引装置、计算机装置、安全保护装置，能够沿设定的路径自动行驶，具有物品移载功能的搬运车辆。

（7）带式输送机。带式输送机又称胶带输送机，广泛应用于家电、电子、电器、机械、注塑、邮电、印刷、食品等各行各业的物件组装、检测、调试、包装及运输等。带式输送机具有输送能力强，输送距离远，结构简单，易于维护，能方便地实行程序化控制和自动化操作。其运行高速、平稳、噪声低，可以上下坡传送。

（8）剪叉式升降台。根据《物流术语》（GB/T 18354-2021），升降台（lift table, LT）是指能垂直升降和水平移动物品或集装单元器具的专用设备。其中，剪叉式升降台是用途广泛的高空作业专用设备。它的剪叉机械结构使升降台起升具有较高的稳定性，宽大的作业平台和较高的承载能力扩大了高空作业范围，适合多人同时作业。它使高空作业效率更高，安全更有保障。剪叉式升降台分为固定剪叉式、移动剪叉式、自行剪叉式和车载剪叉式。其主要用途是能够在不同高度的工作状态下快速、慢速行走，可以在空中操作平台上方便地连续完成上下、前进、后退、转向等工作。

（四）仓储与分拣装备

仓储与分拣装备的分类如下：

1. 货架

从中国古老的中药店里的药柜货架，到现代各式商场、店铺里所用的各种货架，到大型立体仓库里的钢筋或是更为先进的材质所制成的货架，都是人们耳熟能详的。

现代物流的发展是立体仓库出现与发展的前提，与工业、科技发展相适应。现代化大生产越来越促使工业生产社会化、专业化、集中化。生产的高度机械化、自动化必然要求物资供应分发及时、迅速、准确。这就促使立体仓库技术得到迅速发展，并成为工厂设计中高科技的象征。

2. 拣货装备

（1）电子标签拣货系统。电子标签拣货系统是一组安装在货架储位上的电子设备，透过计算机与软件的控制，借由灯号与数字显示作为辅助工具，引导拣货工人正确、快速、轻松地完成拣货工作。

电子标签辅助拣货系统（pick to light system）是采用先进的电子技术和通信技术开发而成的物流辅助作业系统，通常使用在现代物流中心的货物分拣环节，具有拣货速度快、效率高、差错率低、无纸化、标准化的作业特点。电子标签辅助拣货系统作为一种先进的作业手段，与仓储管理系统（WMS）或其他物流管理系统配合使用效率更高。电子标签拣货系统的主要拣货模式有摘取式拣货和播种式拣货。

① 摘取式拣货主要应用在采取订单拣货的场合，依照灯号和数字的显示，能快速、简单地引导拣货人员找到正确的储位。原则上一个电子标签对应一个储位品项。此外，该灯号除了能引导拣货人员到达正确的位置，还可以显示出拣货的确切数目，当拣货完成后要求按确认键确认。

② 播种式拣货通常应用于处理批次拣货的场合，它的功能和摘取式拣货正好相反。一个电子标签对应一个门店或者一张订单，当订单中的商品被批次汇总到储存区时，就用播种式拣货。拣货人员将批次汇总后的商品经由扫描仪读取商品信息，相应的电子标签会显示数量，拣货人员拿取相同数量的商品并分配到标签对应的储位上，然后熄灭标签，完成拣货。

（2）自动分拣机。自动分拣机一般由输送机械部分、电器自动控制部分和计算机信息系统联网组合而成。它可以根据用户要求和场地情况，对条烟、整箱烟、药品、货物、物料等按用户、地名、品名进行自动分拣、装箱、封箱的连续作业。机械输送设备根据输送物品的形态、体积、重量设计定制。分拣输送机是工厂立体仓库及物流配送中心对物流进行分类、整理的关键设备之一，通过应用分拣系统可实现物流中心准确、快捷的工作。自动分拣机主要分为如下几类：

① 挡板式分拣机，是利用一个挡板（挡杆）挡住在输送机上向前移动的商品，将商品引导到一侧的滑道排出。挡板的另一种形式是挡板一端作为支点，可做旋

转。挡板动作时，像一堵墙似的挡住商品向前移动，利用输送机对商品的摩擦力推动，使商品沿着挡板表面移动，从主输送机上排出至滑道。平时挡板处于主输送机一侧，可让商品继续前移；如挡板作横向移动或旋转，则商品就排向滑道。

② 浮出式分拣机，是把商品从主输送机上托起，从而将商品引导出主输送机的一种结构形式。从引离主输送机的方向看，一种是引出方向与主输送机构呈直角；另一种是呈一定夹角（通常是30°～45°）。一般是前者比后者生产率低，且对商品容易产生较大的冲击力。

③ 滑块式分拣机，是一种特殊形式的条板输送机。输送机表面用金属条板或管子构成，如竹席状，而在每个条板或管子上有一枚用硬质材料制成的导向滑块，能沿条板作横向滑动。平时滑块停止在输送机的侧边，滑块的下部有销子与条板下导向杆联结，通过计算机控制，当被分拣的货物到达指定道口时，控制器使导向滑块有序地自动向输送机的对面一侧滑动，把货物推入分拣道口，从而商品就被引出主输送机。这种方式是将商品侧向逐渐推出，并不冲击商品，故商品不容易损伤，它对分拣商品的形状和大小适用范围较广，是目前国外一种最新型的高速分拣机。

④ 托盘式分拣机，是一种应用范围十分广泛的机型，它主要由托盘小车、驱动装置、牵引装置等组成。其中，托盘小车形式多种多样，有平托盘小车、U形托盘小车、交叉带式托盘小车等。

（五）包装技术装备

包装是在物流过程中施加一定技术方法，以达到保护产品、方便储运、促进销售的操作活动的总称。

包装的分类如下：

（1）按产品销售范围不同，分为内销产品包装和出口产品包装。

（2）按包装在流通过程中的作用不同，分为单件包装、中包装和外包装等。

（3）按包装制品材料不同，分为纸制品包装、塑料制品包装、金属包装、竹木器包装、玻璃容器包装和复合材料包装等。

（4）按包装使用次数不同，分为一次用包装、多次用包装和周转包装等。

（5）按包装容器的软硬程度不同，分为硬包装、半硬包装和软包装等。

（6）按产品种类不同，分为食品包装、药品包装、机电产品设器包装、危险品包装等。

（7）按功能不同，分为运输包装、储藏包装和销售包装等。

（8）按包装技术方法不同，分为防震包装、防湿包装、防锈包装、防霉包装等。

（9）按包装结构形式不同，分为贴体包装、泡罩包装、热收缩包装、可携带包装、托盘包装、组合包装等。

（六）物流信息技术装备

物流信息技术是现代信息技术在物流各个作业环节中的综合应用，是现代物流区别于传统物流的根本标志，也是物流技术中发展最快的领域。尤其是计算机网络技术的广泛应用，使物流信息技术达到了较高的应用水平。物流信息技术的发展改变了企业应用供应链管理获得竞争优势的方式，现代企业通过应用信息技术来支持其经营战略，并选择其经营业务。

《物流术语》（GB/T 18354-2021）将物流信息技术（logistics information technology）定义为：以计算机和现代通信技术为主要手段实现对物流各环节中信息的获取、处理、传递和利用等功能的技术总称。根据物流的不同功能和特点，物流信息技术包括如下内容：

1. 条码技术

《物流术语》（GB/T 18354-2021）将条码（bar code）定义为：由一组规则排列的条、空组成的符号，可供机器识读，用以表示一定的信息，包括一维条码和二维条码。

条码技术是在计算机的应用实践中产生和发展起来的一种自动识别技术，提供了一种对物流中的货物进行标识和描述的方法。条码技术具有输入速度快、可靠、准确、成本低、信息量大等特点。条码是实现POS系统、EDI、电子商务、供应链管理的技术基础，是推动物流管理现代化，提高企业管理水平和竞争能力的重要技术手段。

2. 电子数据交换技术

《物流术语》（GB/T 18354-2021）将电子数据交换（electronic data interchange，EDI）定义为：采用标准化的格式，利用计算机网络进行业务数据的传输和处理。构成EDI系统的三个要素是EDI软硬件、通信网络，以及数据标准化。

EDI的工作方式为：用户在计算机上进行原始数据的编辑处理，通过EDI转换软件（Mapper）将原始数据格式转换为平面文件（flat file），平面文件是用户原始资料格式与EDI标准格式之间的对照性文件。通过翻译软件（translator）将平面文件变成EDI标准格式文件。然后在文件外层加上通信信封（Envelope），通过通信软件系统交换中心邮箱（Mailbox）发送到增值服务网络（VAN）或直接传送给对方用户，对方用户则进行相反的处理过程，最后成为用户应用系统能够接收的文件格式。

3. 射频识别技术

射频识别技术是一种非接触式的自动识别技术，它是基于电磁感应、无线电波或微波进行非接触双向通信，从而达到识别和交换数据的目的。《物流术语》（GB/T 18354-2021）将射频识别（radio frequency identification，RFID）定义为：在频谱的射频部分，利用电磁耦合或感应耦合，通过各种调式和编码方案，与射频标签交互通信唯一读取射频标签身份的技术。识别工作无须人工干预，可工作于各种恶劣环境。短距离射频产品不怕油渍、灰尘污染等恶劣环境，可以替代条码，例如用在工厂流水线上跟踪物体。长距离射频产品多用于交通，识别距离可达几十米，如自动收费或识别车辆身份等。

4. 地理信息系统技术

地理信息系统是多种学科交叉的产物。《物流术语》（GB/T 18354-2021）将地理信息系统（geographical information system，GIS）定义为：在计算机技术支持下，对整个或部分地球表层（包括大气层）空间中的有关地理分布数据进行采集、储存、管理、运算、分析、显示和描述的系统。它以地理空间数据为基础，采用地理模型分析方法，适时提供多种空间的和动态的地理信息，是一种为地理研究和地理决策服务的计算机技术系统。其基本功能是将表格型数据（无论它来自数据库、电子表格文件或直接在程序中输入）转换为地理图形显示，然后对显示结果进行浏览、操作和分析。其显示范围可以从洲际地图到非常详细的街区地图，显示对象包括人口、销售情况、运输线路和其他内容。

5. 全球定位系统技术

《物流术语》（GB/T 18354-2021）将全球定位系统（global positioning system，GPS）定义为：以人造卫星为基础，24h提供高精度的全球范围的定位和导航信息的系统。它具有在海、陆、空进行全方位实时三维导航与定位能力。GPS在物流领域可以应用于汽车自定位、跟踪调度，铁路运输管理和军事物流。

6. 智能技术

智能技术（intellectual technology）是利用计算机科学、脑科学、认知科学等方面的知识对物流信息进行分析处理的技术，物流中主要是人工智能、商业智能、专家系统和智能交通系统等。

三、物流技术装备的标准化

动画
物流技术装备标准化

标准化是指在经济、技术、科学及管理等社会实践中，对产品、工作、工程、服务等普遍的活动制定、发布和实施统一标准的过程。

物流技术装备标准化是针对物流活动中各个环节使用的设备和器材，制定、发布和实施有关技术和工作方面的标准，并按照标准的配合性要求，统一整个物流系统中技术装备标准的过程。物流技术装备标准化是物流管理的重要手段。

（一）物流技术装备标准化的作用和现状

（1）物流技术装备作为现代物流发展的基础支撑和重要组成部分，对物流成本和效益有重大的决定作用。

（2）物流技术装备标准化有助于加快流通速度，保证物流质量，减少物流环节，降低物流成本。

（3）对于加强物流业一体化运作，实现各环节衔接配套，促进物流服务体系高效运转具有重要意义。

（4）由于物流业是跨行业、跨部门、跨区域的复合型产业，目前我国各相关行业都形成了一套标准体系，致使现有的物流技术装备标准存在形式多样、版本不一、标龄老化、存在差异等问题。

（二）物流技术装备标准化的基础

物流模数的确定是实现标准化的基础。《物流术语》（GB/T 18354-2021）将物流模数（logistics modulu）定义为：物流设施、设备或货物包装的尺寸基数。物流基础模数即物流系统各标准尺寸的最小公约尺寸。物流基础模数尺寸一旦确定，设备的制造、设施的建设、物流系统中各环节的配合协调、物流系统与其他系统的配合就有了依据。

目前ISO中央秘书处及欧洲各国已基本认定600 mm×400 mm为基础模数尺寸。物流模数尺寸（集装基础模数尺寸）以1 200 mm×1 000 mm（英国）为主，也允许1 200 mm×800 mm（欧洲大陆）。

（三）物流技术装备标准化的内容

物流技术装备标准化具有如下内容：

1. 托盘标准化

托盘是使用最广泛的集装化装载工具，所以托盘尺寸对调节流通中货物的不同尺寸起到了主导作用。通过托盘把成为物流对象的货物尺寸统一起来，达到托盘标准化。

2. 设备标准化

一是物流机械标准化，指起重机械、输送机械、仓储机械、装卸机械的标准化。二是自动化物流装置标准化。三是存储设备标准化，指货架、储罐的标准化。

3. 包装标准化

包装标准化包括包装的术语、尺寸、标志、技术、材料、容器、强度、荷重的标准化。

4. 识别标准化

传统的标记与识别标准化将包装标记分为三类，即识别标记、储运指示标记和危险货物标记，这是在物流系统中最早实现标准化的系统之一。

5. 信息标准化

信息标准化包括如下两类：

（1）商品信息标准化。指商品信息数据库的字段、类型和长度方面的标准化。

（2）子数据交换系统标准化。要求做到结构合理化、标准化，方便企业与企业之间通过计算机网络直观地进行信息交流，实现物流的低成本。

2020年，当新冠肺炎疫情使中国社会几近停摆，各路物资急需转运，顺丰速运集团（简称"顺丰"）在此时发挥出"快、准、稳"的业务能力，为国家、社会排忧解难。顺丰能够在疫情期间对社会发挥出如此大的正能量，关键在于企业正确的使命观和价值观，再加上顺丰在科技方面持续投入，形成了强大的运转能力。

2019年，顺丰的科技投入达36.68亿元，同比增长了34.65%，已获得及申报中的专利共有2 361项，软件著作权1 220个。基于科技投入，公司打造了很多黑科技，比如独特的三网快递物流系统，即"天网""地网""信息网"。

在"天网"方面，公司持续增加飞机数量和全货机线路条数。其中，2020年1月24日，顺丰航空新开"仁川—北京"国际航线，"东京—武汉"国际航线，增开了国内多个城市直飞武汉的航线，货运飞机目前达到了71架。同时，顺丰打造的无人机团队在本次疫情中也起到了重要作用。顺丰无人机在疫情期间仅仅运营23天，就累计飞行了1 614架次，共计飞行里程近7 000千米，累计运送近3 000件、超过6吨的物资，其中包括防护服、手套、食品、药品等。

在"地网"方面，公司加大对自动分拣中转场的建设，扩充车辆及铁路运力，增加电商仓库数量及面积。

在"信息网"方面，顺丰物流构建了各项核心营运系统、顺丰地图平台、大数据平台、信息安全平台、智能运维管理平台等，形成了自己的智慧网平台。

一切偶然都是必然。顺丰成功的必然性在于公司对社会责任的担当，以及对效率和效益的极致追求。顺丰在抗疫期间赢得了社会的普遍赞誉，在人民群众中形成了良好口碑。

第二节
智慧物流技术

一、智慧物流技术概述

微课
智慧物流技术的概念

智慧物流一词在物流业已被广泛谈论，对它的阐述和解释多种多样，见仁见智。《物流术语》（GB/T 18354—2021）将智慧物流（smart logistics）定义为：以物联网技术为基础，综合运用大数据、云计算、区块链及相关信息技术，通过全面感知、识别、跟踪物流作业状态，实现实时应对、智能优化决策的物流服务系统。

（一）我国智慧物流的发展情况

自2015年以来，国家各级政府出台了鼓励物流行业向智能化、智慧化方向发展的政策，并积极鼓励企业进行物流模式创新。其主要发展方向包括：

1. 大力推进"互联网+"物流发展

国务院办公厅《关于深入实施"互联网+流通"行动计划的意见》中提出，鼓励发展分享经济新模式，激发市场主体创业创新活力，鼓励包容企业利用互联网平台优化社会闲置资源配置，扩大社会灵活就业。

（1）鼓励物流模式创新，重点发展多式联运、共同配送、无车承运人等高效现代化物流模式。商务部《2015年流通业发展工作要点》中提出，深入推广城市共同配送试点，总结推广试点地区经验，完善城市物流配送服务体系，促进物流园区分拨中心、公共配送中心、末端配送点三级配送网络的合理布局，培养一批具有整合资源功能的城市配送综合信息服务平台，推广共同配送、集中配送、网订店取、自助提货柜等新型配送模式。

（2）加强物流信息化和数据化建设。国务院办公厅《关于推进线上线下互动加快商贸流通创新发展转型升级的意见》中提出，鼓励运用互联网技术大力推进物流标准化，推进信息共享和互联互通；大力发展智慧物流，运用北斗导航、大数据、物联网等技术，构建智能化物流通道网络，建设智能化仓储体系和配送体系。

2. 新型商业模式涌现，对智慧物流服务提出了更多要求

近年来，电商、新零售、C2M等新型商业模式发展迅猛，消费者需求也从单一化、标准化向多样化、差异化、个性化转变，这些变化都对物流服务提出了更高的要求。由电商带动的快递业从2007年开始连续9年保持约50%的高速增长，到了2016年业务量已突破300亿件大关，爆发式增长的业务规模促进物流行业向更高的包裹处理效率和更低的配送成本发展。2020年网络零售额超过10万亿元人民币，一天需要处理的包裹量达到10亿件。2020年跨境电商贸易进出口占整体对外贸易的比例将由19.5%上升至37.6%。

由于大数据、人工智能等先进技术的兴起，新零售模式下的企业将以互联网为依托，对线上服务、线下体验的现代物流进行深度融合，这也促使企业对智慧物流提出了更高的要求。

由用户需求驱动生产制造，除去各种中间流通加价环节，直接连接设计师或制造商，为用户提供高质量、低价格、个性化的商品。在这一C2M模式下，消费者诉求将直达制造商，个性化定制成为新的风向，这对物流的及时反应、定制化匹配能力提出了更高的要求。

3. 物流运作模式革新，推进智慧物流需求提升

随着互联网技术的不断发展，物流行业与互联网结合，改变了物流行业原有的市场环境与业务流程，推动了新型物流运作模式的发展，如车货匹配、运力众包等。

（1）车货匹配可分为同城货运匹配和城际货运匹配两类。货主发布运输需求，

平台根据货物属性及运输距离等进行智能匹配，并提供标准作业程序（standard operating procedure, SOP）等各类增值服务。这对物流的数据处理、车辆状态与货物的精确匹配能力要求极高。

（2）运力众包主要服务于同城匹配市场，由平台整合各类闲散个人资源，为客户提供及时的同城配送服务。如何管理运力资源，通过距离、配送价格、周边配送员数量等数据分析实现精确订单分配，为消费者提供最佳客户体验，是平台智慧物流的挑战。

多式联运包括海铁、公铁等多种类型的联运方式。作为一种集约高效的现代化运输组织模式，多式联运在"一带一路"布局下迎来了加速发展的重要机遇。由于运输过程中涉及多种运输工具，为实现全程可追溯和系统间的贯通，信息化运作十分重要。同时，无线射频、物联网等新型技术的应用也大大提高了多式联运换装转运的自动化作业水平。

4. 大数据、无人技术等智慧物流相关技术日渐成熟

无人机、机器人等技术近几年来发展迅速，未来将会进一步与物流行业结合，广泛应用在仓储、运输、配送等各个物流环节。

（二）智慧物流的发展特点

近年来，技术与物流融合的智慧物流加快起步。智慧物流是以物流互联网和物流大数据为依托，通过协同共享创新模式和人工智能先进技术，重塑产业分工，再造产业结构，转变产业发展方式的新生态。当前，国家鼓励大众创业、万众创新，陆续出台政策措施，支持和引导"互联网+"高效物流发展。发改委开展骨干物流信息平台试点，交通运输部组织无车承运人试点，工信部支持智能物流发展，商务部开展智慧物流配送示范等，为智慧物流发展营造了良好的政策环境。智慧物流的发展特点如下：

1. "互联网+"物流蓬勃发展

智慧物流的核心是协同共享。近年来，涌现出一批"互联网+"物流的互联网平台，打破了传统企业边界，深化了企业分工协作，实现了存量资源的社会化转变和闲置资源的最大化利用，是智慧物流的典型代表。

2. 物联网在物流领域广泛应用

近年来，随着移动互联网的快速发展，物联网呈现快速增长态势，我国已有超过500万辆载重货车安装了北斗定位装置，大量物流设施通过传感器接入互联网，以信息互联、设施互联带动物流互联，物流在线化成为可能，是智慧物流的前提条件。

3. 物流大数据变为现实

物流在线化产生了大量业务数据，使得物流大数据从理念变为现实，数据驱动的商业模式推动产业智能化变革，将大幅度提高生产效率。通过对物流大数据的处

理与分析，挖掘对企业运营管理有价值的信息，科学合理地进行管理决策，是物流企业的普遍需求。业务数据化正成为智慧物流的重要基础。

4. 物流云服务强化保障

物流在线化和业务数据化为云计算提供了可能。依托物流云平台，为客户企业提供安全稳定的物流基础信息服务和标准统一的应用组件服务，强化了客户与企业之间的数据连接，高效地整合、管理和调度数据资源，推动物流行业向智慧化、生态化转变，是智慧物流的核心需求。

5. 人工智能快速起步

人工智能为物流技术创新提供了新的空间。通过赋能物流各环节，人工智能实现了智能配置物流资源，优化物流环节，减少资源浪费，大幅提升物流运作效率的效果。特别是人工智能技术在无人驾驶、无人仓储、无人配送、物流机器人等前沿领域的应用，使一批领先企业已经开始开展试验和商业应用，有望与国际一流企业站在同一起跑线。

二、主要的智慧物流技术

（一）仓内技术

仓内技术主要有仓内机器人（见图3-7）与自动化分拣、可穿戴设备、无人驾驶叉车、货物识别四类技术。目前机器人与自动化分拣技术已相当成熟并得到广泛应用，可穿戴设备正处于研发阶段，但也有部分技术实现应用，以下主要介绍这两种技术。

图3-7　仓内机器人

1. 仓内机器人与自动化分拣技术

仓内机器人包括自动引导搬运车、无人叉车、货架穿梭车、分拣机器人等。仓内机器人在国外领先企业应用较早，并且已经开始商业化。亚马逊、DHL、京东、菜鸟、申通等已经开始布局这种技术。

2. 可穿戴设备

可穿戴设备当前仍属于较为前沿的技术，在物流领域的应用产品包括免持扫描设备、增强现实技术、智能眼镜、外骨骼、喷气式背包等。目前，除了免持扫描设备和智能眼镜有小范围应用外，其他产品尚无商用实例，大多处于研发阶段。整体而言，可穿戴设备目前离大规模应用仍有较远的距离，而智能眼镜凭借其实时的物品识别、条码阅读和库内导航等功能，未来有可能被广泛应用。目前，京东及亚马逊等国内外电商企业已开始研发相关智能设备。

（二）干线技术

干线技术主要是无人驾驶卡车技术。无人驾驶卡车（见图3-8）将改变干线物流的现有格局，目前虽尚处于研发阶段，但已取得阶段性成果，正在进行商用化前的测试。

图3-8　无人驾驶卡车

（三）最后一公里技术

最后一公里技术主要包括无人机技术与3D打印技术两类。

1. 无人机技术

无人机（见图3-9）技术已经较为成熟，主要应用在人口密度相对较小的区域，如农村配送。中国企业在该技术上具有领先优势，且政策较为开放，制定了相对完善的无人机管理办法。目前，国内无人机即将进入大规模商业应用阶段。未来无人机的载重、航时将会不断突破，感知、规避和防撞能力有待提升，软件系统、数据收集与处理分析能力将不断提高，应用范围将更加广泛。

图3-9　无人机

【德技并修】

打通运输绿色通道——顺丰无人机团队

新冠肺炎疫情发生后，顺丰无人机团队紧急成立特别行动组，制定无人机解决方案，用科技力量解决末端物资运输难题。特别行动组接到任务后，立即着手准备。其中，武汉特别行动组率先开展支援任务。经过武汉前线支援小组与后台支持小组的远程联动，经反复测试后，2020年2月12日上午，一架顺丰无人机从顺丰速运湖北区将军路点部起飞。7分钟后，无人机顺利降落在武汉金银潭医院，将医疗和防疫物资送到了医护人员手中。这是顺丰利用无人机首批运输的物资。

同时，针对小批量、多批次、"点到点"医疗、民生物资的物流运输等需求，顺丰无人机团队又相继在十堰市、赣州市、温州市、哈尔滨市多地重点区域开展了特定场景下的无人机物流运输作业。2020年1月24日至3月18日，顺丰无人机直飞疫区近3 500架次，飞行里程超过14 000千米，运输物资近13吨，其中包括防护服、手套、食品、药品等。

【问题与思考】

我国物流行业如何实现技术装备自主创新和领先？

【内化与提升】

顺丰作为一家一流的物流企业，要做好无人机送货绝非只是解决"最后一公里"的问题那么简单。物流发展中最大的痛点并非一二线城市，而是如何实现三四线城市及乡镇、农村地区无差别的物流配送服务。大型城市得益于强大的航空网络，快件最多36小时即可到达。但广袤的偏远地区因航空网络欠发达，纵横山脉等地势造就了基础较差的路网，地面端无法实现快速转运，快件往往需要72～96小时才能送达，这无疑对医药配送、物资紧急救援等服务非常不利。

快递业领头羊顺丰深谙行业痛点，早在2012年创始人王卫就提出了无人机物流设想，成立了专业无人机研发团队，规划并低调布局了未来的物流无人机运营。顺丰于2013年便开始进行业务测试飞行，2015年组建无人机项目研发团队，力争掌握核心技术，在无人机领域顺丰坚持科技创新和物流智能化，本次顺丰获得运营许可证，堪称中国物流无人机的转折点，而顺丰也极有可能成为中国物流无人机的领导者。在末端配送、干线的高速公路运输、边远地区和农村区域，无人机有广阔的前景，在突发事件和应急处理领域更能发挥"先锋队"角色，在乡村振兴战略推动下也将对精准扶贫发挥重要作用，真正做到科技改变物流、物流改变生活。

2. 3D打印技术

3D打印技术将给物流行业带来颠覆性变革，但当前技术仍处于研发阶段，美国的Stratasvs和3D Systems两家企业在该领域占据了绝大多数市场份额。未来的产品生成及消费模式将会是"城市内3D打印+同城配送"，甚至"社区3D打印+社区配送"模式。物流企业需要通过3D打印网络的铺设，实现定制化产品在离消费者最近的服务站点生产、组装、与末端配送的职能。

2014年，亚马逊开设3D打印商店，为购物者提供超过200种产品，并与总部位于辛辛那提的3DLT和布鲁克林的Mixee实验室签署了协议，进行3D打印的初步布局。2015年，亚马逊提交的一项专利显示，其将把静态的3D网络变为动态布局，消费者下单后，将把指令发送到最近的3D打印车，在车辆向消费者行驶过程中完成产品的3D打印与组装，并最终送达消费者。

（四）末端技术

末端技术主要是智能快递柜（如图3-10所示），这是各大企业布局的重点。智能快递柜目前已实现一二线城市商用覆盖，但受限于成本与消费者使用习惯等问题，其未来的发展仍存在不确定性。

图3-10　智能快递柜

智能快递柜技术较为成熟，目前已在一二线城市得到推广，包括顺丰丰巢、菜鸟投资的速递易等。但当前智能快递柜仍面临使用成本高、便利性和智能化不足、使用率低、无法当面验货、盈利模式单一等问题。

（五）智慧数据底盘技术

数据底盘主要包括物联网、大数据及人工智能三大领域。物联网技术与大数据分析技术互为依托，前者为后者提供了部分分析数据来源，后者将前者的数据业务化，而人工智能则是大数据分析的升级。三者都是未来智慧物流发展的重要方向，也是智慧物流能否进一步升级迭代的关键。

1. 物联网技术

物联网概念已十分普及，但受终端传感器高成本的影响，目前在物流领域大规模应用难度仍然较高。长期来看，低成本的传感器技术将实现突破，RFID和其他低成本无线通信技术将是未来的方向。在可以预见的未来，物联网在物流行业将得到广泛应用。

2. 大数据技术

大数据技术已成为众多企业重点发展的新兴技术，多家企业已成立相应的大数据分析部门，进行大数据的收集、研究、分析和应用布局。

3. 人工智能

人工智能技术主要由电商平台推动，尚处于研发阶段，除了图像识别外，其他人工智能技术距离大规模应用仍有较大差距。

三、智慧物流技术的发展趋势

（一）人工智能技术快速迭代

目前，物流自动化技术获得了快速发展，配送终端的智能货柜、无人机、机器人技术开始进入应用阶段，自动驾驶卡车、地下智能物流配送系统等技术成为关注的热点。未来几年，人工智能技术将进入快速迭代期，机器在很多方面将替代人工，预计未来3~5年，物流赋能改造传统物流基因，无人机、无人仓、无人车更加普遍，"智能革命"将不断改变物流格局。

（二）云仓系统方兴未艾

我国智慧物流共享平台及其技术的应用进入成熟期，将有效整合社会物流资源，特别是依托大数据和云计算的智慧物流云仓系统将成为中坚力量。在云仓模式下，通过预测销售和提前将库存布局到离消费者最近的仓库，尽量缩短配送时间，缩短"订单完成提前期"，整个供应链的反应时间明显缩短。

（三）智慧决策技术发展演进

目前物流企业十分重视物流数据收集、分析与应用，大数据预测的前置布仓技术让物流实现了先行，缓解了物流高峰阶段的配送压力。但是，各大物流公司的智慧物流系统能够做到"自主决策"的几乎没有。未来，智慧物流决策技术将快速演进，为实现最优化提供强有力的支撑。

（四）智慧物流技术的应用更为广泛

电商行业的蓬勃发展推动了物流发展的加速，现阶段智慧物流在物流垂直领域的应用仍不够广泛，如危险品等物品配送环节。未来，智慧物流技术的应用覆盖面将更趋于广泛，以物联网、大数据、人工智能等先进物流技术为标志的智慧物流技术术可能实现应用场景甚至生产环节的全覆盖。

【降本增效】
顺丰科技积极推广"智慧物流"战略

深圳市发展和改革委员会公示了新兴产业扶持计划项目2020年第一批验收结果，顺丰科技有限公司（简称"顺丰科技"）基于人工智能技术的智慧物流系统研发与产业化项目顺利通过验收。该项目规划并完成搭建了一整套智慧物流系统，主要包括网络设计（动静态线路规划系统）、效率优化（车辆司机资源运筹排班系统）、运营优化（全链路仿真监控）三大体系的建设和全网推广使用。

截至项目验收，动静态线路规划系统已实现在全国的落地使用，部分业务区线路优化率达到50%。此外，在新冠肺炎疫情防疫期间，全链路仿真监控平台也为防疫物资溯源及监控提供了保障，帮助一线人员快速及时地找到滞留环节，解决滞留问题。

【问题与思考】

顺丰科技是如何实现降本增效效果的？

【内化与提升】

顺丰科技基于人工智能技术的智慧物流系统研发与产业化项目，综合运用人工智能、机器学习、大数据等技术落地业务、助力决策，强化资源整合和物流全过程优化。项目针对物流网络的高度复杂性和随机性，通过运筹学、机器学习、算法优化、大数据等技术深度融合的物流场景创新，实现了自动化、智能化的线路规划及决策、资源配置（资源排班）效率及车辆利用率的有效提升、全网快件路由的实时监控及动态调度，突破了大规模路由串联、超百亿数据实时存储与查询等技术难题。

顺丰科技超额完成了多项发改委下发的指标，通过打造多个人工智能助力物流变革的产品和行业实践，积极推广"智慧物流"战略在传统物流行业的应用落地，进一步提升运营效率，降低运营成本，进而实现物流科技行业的整体转型与升级，助力产业发展。

【同步测试】

一、单项选择题

1. 物流技术按技术形态不同，可分为（   ）。
   - A. 物流硬技术和物流软技术
   - B. 运输技术和仓储技术
   - C. 保管技术和装卸搬运技术
   - D. 包装技术和流通加工技术

2. 以下无须用冷冻集装箱装运的货物是（　　　）。

    A. 冷冻鱼肉　　　B. 服装　　　　　C. 黄油　　　　　D. 炼乳

3. 以下不是构成EDI系统要素的是（　　　）。

    A. EDI操作人员　　　　　　　　B. EDI软硬件

    C. 通信网络　　　　　　　　　　D. 数据标准化

4. 以下不是智慧数据底盘技术的是（　　　）。

    A. 物联网技术　　　　　　　　　B. 大数据技术

    C. 人工智能　　　　　　　　　　D. 3D打印技术

5. 包装按功能分类不包括（　　　）。

    A. 运输包装　　　B. 储藏包装　　　C. 防震包装　　　D. 销售包装

二、多项选择题

1. 物流技术装备的作用是（　　　）。

    A. 提高物流系统效率的主要手段　　B. 反映物流系统水平的主要标志

    C. 物流系统的主要成本因素　　　　D. 国际交流的重要手段

2. 物流技术装备的配置原则有（　　　）。

    A. 标准化原则　　　　　　　　　B. 合理性原则

    C. 准确性原则　　　　　　　　　D. 人性化原则

3. 集装箱按材料不同分为（　　　）。

    A. 钢质集装箱　　　　　　　　　B. 铝合金集装箱

    C. 玻璃钢集装箱　　　　　　　　D. 塑料集装箱

4. 铁路运输工具主要包括（　　　）。

    A. 铁路机车　　　B. 铁路车辆　　　C. 列车　　　　　D. 火车站

5. 智慧物流仓内技术主要包括（　　　）。

    A. 机器人与自动化分拣　　　　　B. 可穿戴设备

    C. 无人驾驶叉车　　　　　　　　D. 货物识别

三、判断题

1. 物流技术指物流活动中所采用的自然科学与社会科学方面的理论、方法，以及设施、设备、装置与工艺的总称。（　　　）

2. 物流技术装备是在物流活动各个环节中所使用的物流机械设备和器具的总称。（　　　）

3. 集装箱可以具有 $1\ m^3$ 或 $1\ m^3$ 以下的容积。（　　　）

4. 物流技术装备的标准化是物流管理的重要手段。（　　　）

5. 无人机技术较为成熟，已经广泛应用在人口密度相对较大的区域，如社区配送。（　　　）

【综合实训】

    实训项目： 物流真奇妙。

    实训目标： 训练学习者的口头表达能力。

    实训资料： 结合自己的生活体验，说一说身边智慧物流技术应用的案例。

实训要求：

（1）提供一个真实的案例。

（2）说明该案例运用了哪些智慧物流技术。

（3）具有较好的文字功底。

实训指导：

（1）通过文献检索"智慧物流技术"概念，观察校园或常住地周边的相关素材。

（2）查找与物流相关的门户网站，如中国物流与采购联合会网站，了解相关物流活动。

（3）以小组为单位探讨智慧物流技术与我们生活的关系。

（4）结合自身体验，整理智慧物流技术运用案例，并进行成果展示。

实训评价：

实训评价表

班级：　　　　　　　　　姓名：　　　　　　　　学号：

学习情景：智慧物流技术案例讲述

评价项目		评价标准	分值	得分
考勤（10%）		没有无故迟到、早退、旷课现象	10	
工作过程（60%）	案例真实	能编写完整的智慧物流案例	10	
	物流知识	有与案例相对应的物流知识	15	
	文字功底	语句通顺	5	
	工作态度	工作态度端正、认真、积极主动	10	
	沟通协调能力	能与团队成员合作交流、协调工作	10	
	职业素养	具有服务意识、成本意识、系统观念	10	
项目成果（30%）	工作完整		5	
	工作规范		10	
	案例报告		10	
	成果展示		5	
合计			100	

第四章

物流服务提供商管理

知识目标

- 掌握自营物流的概念、特点和条件
- 掌握物流外包的概念、特点和条件

技能目标

- 能够根据自营物流和物流外包的条件，提出物流服务提供商解决方案
- 能够分析自营物流和物流外包的优缺点

素养目标

- 修炼物流人的服务素养
- 能通过物流服务供应模式选择，体现社会责任担当
- 能创新物流服务供应合作模式，积极推进物流业和制造业深入融合创新发展，实现降本增效

● 思维导图

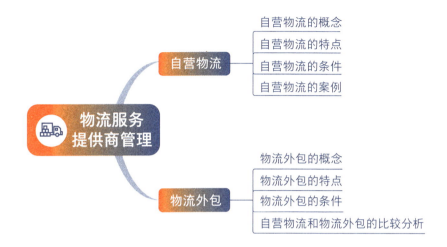

【引导案例】
海尔的企业物流

海尔集团是全球领先的美好生活解决方案服务商。海尔始终以用户体验为中心，连续2年作为全球唯一的物联网生态品牌，蝉联BrandZ全球百强，连续12年稳居欧睿国际世界家电第一品牌，其旗下子公司海尔智家位列《财富》杂志世界500强。截至2021年2月，海尔集团拥有3家上市公司，在全球布局了10+N创新生态体系、28个工业园、122个制造中心和24万个销售网络，深入全球160个国家和地区，服务全球超过10亿个用户家庭。

海尔物流依托海尔集团的先进管理理念和强大资源网络构建核心竞争力，为全球客户提供最优竞争力的综合物流集成服务，是全球最具竞争力的第三方物流企业之一。

案例思考：

1. 海尔物流专为海尔集团提供物流服务吗？

2. 海尔物流的核心竞争力是什么？

案例分析：

1. 海尔物流不仅是本集团的自营物流提供商，而且已经发展成为第三方物流企业。提出在服务中要做到三个"1/3"，即1/3服务本企业，1/3服务国内其他企业，1/3服务跨国公司。海尔物流像海尔产品一样走向世界。

2. 海尔物流的核心竞争力是：网络优势、信息系统优势、管理优势、仓储管理优势。

《物流术语》（GB/T 18354-2021）对企业物流（enterprise logistics）的定义是：生产和流通企业围绕其经营活动所发生的物流活动。企业物流包括供应物流、生产物流、销售物流、回收物流和废弃物物流。物流作为企业的后勤保障，已经成为企业争取市场、提高竞争力的关键手段。那么，谁来做物流，如何正确选择物流服务提供商，成为企业管理决策的重要部分。企业物流的运营管理模式主要包括自营物流和物流外包。

第一节
自营物流

一、自营物流的概念

　　自营物流是指生产制造企业通过自有物流设备或网络将原材料、成品、半成品送达相应的目的地，一般是在企业内部设立物流运作的综合管理部门，通过资源和功能的整合，专设企业物流部或物流公司来统一管理企业的物流运作。现代企业自营物流已不是传统企业物流作业功能的自我服务，而是基于供应链物流管理以制造企业为核心的经营管理新概念，主要是指工业企业自己营业的物流，可以划分为第一方物流和第二方物流，自营物流的主要经济来源不在于物流。例如，澳柯玛拥有很多物流园区，是自营物流，但是它的利润源不是自营物流，而是有能力自身承担物流业务并且从中获利。

二、自营物流的特点

　　自营物流具有如下特点：

（一）掌握控制权

　　对于生产制造企业来说，从原材料的购进到生产流程再到最后出厂销售，企业全部掌握并控制。企业可以运用自身掌握的资料有效协调物流活动的各个环节，以较快的速度解决物流活动管理过程中出现的各种问题，获得供应商、销售商，以及最终顾客的第一手信息，并根据这些信息进行及时的战略或决策调整。

（二）保护企业的商业机密

　　在企业自营物流模式下，其内部设立物流部门为本企业服务，自营物流是企业的一部分，不必如供应链中的企业那样要求信息共享，从而可以很好地保护企业商业机密。如果交由第三方物流企业，势必会触及企业的采购计划、生产计划，甚至新产品开发计划等商业机密，企业自营物流可以保护企业的商业机密。

（三）提高企业的品牌价值

在企业自建物流系统时，由于可以直接面对客户，一方面能够根据市场对产品的反应和接受程度组织营销或促销活动，从而做到使品牌深入人心，提高品牌知名度，更好地占领市场；另一方面，可以掌握最新的顾客信息和市场信息，从而根据顾客需求和市场发展动向调整战略方案，提高企业的竞争力。

（四）物流可为企业带来利润

物流是企业的第三利润源泉，不但本身产生利润，而且可以为企业盈利。例如，安得物流以前是美的集团的物流部门，独立经营后，在完成自己企业的物流服务后便成为第三方物流，为美的带来更多利润。因此，现在企业纷纷自建物流系统，待物流体系成熟后再充当第三方物流以营利。

（五）增加企业投资，削弱抵御市场风险的能力

自营物流必须投入大量资金购置仓库设施设备、车辆及人员、物流规划及设计等，初具规模后还要继续不断地投入资金以维持物流系统的运转，这一定会减少企业对其他部门或业务的投入，而且如此规模的物流管理必然分散高层的精力。由于物流是企业的副业，若过于注重物流的建设，势必会影响企业的市场竞争力，削弱企业抵御市场风险的能力；若自建物流不能形成规模，又会导致物流成本过高，且物流配送的专业化程度较低，不能满足企业需要。

三、自营物流的条件

自营物流需具备以下条件：

（一）物流对企业成功的影响度和企业对物流的控制能力

如果物流对企业成功的重要度很高，且企业处理物流的能力也很高，可以选择自营物流。

（二）企业对物流的控制力

越是市场竞争激烈的行业，企业越是要强化对供应和分销渠道的控制，此时企业应该构建自营物流。一般来说，最终产品制造商对渠道或供应链过程的控制比较强，往往选择自营物流，即作为龙头企业来组织全过程的物流活动，制定物

流服务标准。

（三）企业产品自身的物流特点

产品线单一或为主营业务做配套的企业，应在龙头企业的统一管理下开展自营物流。

（四）企业的规模和实力

一般来说，大中型企业由于实力较雄厚，通常有能力建立自己的物流系统，制订合适的物流需求计划，以保证物流服务的质量。另外，还可以利用过剩的物流网络资源拓展外部业务，即为别的企业提供物流服务。

（五）物流系统总成本

物流系统总成本由总运输成本、库存维修费用、批量成本、总固定仓储费用、总变动仓储费用、订单处理和信息费用、客户服务费用构成，这些成本之间存在着"二律背反"现象：减少仓库数量时，可降低仓储费用，但会带来运输距离和次数的增加，从而导致运输费用增加；如果运输费用的增加部分超过了仓储费用的减少部分，则总的物流成本反而增大。所以，在选择和设计物流系统时，要对物流系统的总成本加以论证，最后选择成本最小的物流系统。

四、自营物流的案例

国内有实力的大型制造企业发展自营物流成为一种必然趋势，发展到一定程度再社会化，海尔集团就是典型代表。无论是传统物流还是供应链条件下的物流，都会涉及企业的商业秘密，通过采购计划就可以了解企业的生产经营计划、新产品开发计划等，出于商业考虑，海尔选择了自营物流模式。

海尔是一个多元化经营的跨国企业，面对的是全球的顾客和供应商。在海尔整合物流职能前，产品部负责采购物流和商流，海外推广部负责产品的销售物流，物流成本计入产品成本中，而并不进行单独的核算，这样分散的物流管理会导致效率的损失及管理的难以控制。一方面，货运途中的信息和原材料的库存情况难以控制；另一方面，管理的分散性也必然导致协调成本的增加。

整合物流职能后，海尔专门成立了物流推进本部，由集团副总裁负责，本部下设三个事业部，即采购事业部、配送事业部和储运事业部，海尔物流的高效率来自三个事业部的协同经营。

海尔的物流配送模式是以"一网三流"为支持，通过三个"JIT"实现了"三个零"的目标，即以订单信息流为中心，以全球供应链资源网、全球用户资源网和计算机信息为支持，通过JIT采购、JIT配送和JIT分拨物流实现零库存、零距离、零营运成本的同步流程。通过采购平台，所有供应商都在网上接受订单，并通过网上查询计划与库存及时补货，实现JIT采购。货物入库后，物流部门可根据次日的生产计划，利用ERP信息系统进行配料，同时根据看板管理4小时送料到工位，实现JIT配送。生产部门按照B2B、B2C订单需求完成订单后，个性化需求的定制产品通过海尔全球配送网络送达用户手中。零距离是指根据用户的需求，拿到用户的订单，再以最快的速度满足用户需求。零营运成本是指零流动资金占用，即在给供应商付款之前，海尔就可以先把用户的应付货款收回来，做到现款现货。

【社会担当】
做加法：前置1km装配仓——日日顺物流开辟"两业"融合发展"新赛道"

物流业是支撑国民经济发展的基础性、战略性、先导性产业，制造业是国民经济的主体，是全社会物流总需求的主要来源。推动物流业制造业融合发展，是深化供给侧结构性改革，推动经济高质量发展的现实需要；是进一步提高物流发展质量效率，深入推动物流降本增效的必然选择；是适应制造业数字化、智能化、绿色化发展趋势，加快物流业态模式创新的内在要求。2020年8月，发改委会同工信部等13个部门和单位联合印发《推动物流业制造业深度融合创新发展实施方案》提出：到2025年，物流业在促进实体经济降本增效、供应链协同、制造业高质量发展等方面作用显著增强。探索建立符合我国国情的物流业制造业融合发展模式，使制造业供应链协同发展水平大幅提升，精细化、高品质的物流服务供给能力明显增强，主要制造业领域的物流费用率不断下降；培育形成一批物流业制造业融合发展的标杆企业，引领带动物流业制造业融合水平显著提升。海尔作为一个知名品牌，主动担当作为，与电动车行业的车企融合共创，展示了大企业大担当。

电动车是深受老百姓喜爱的出行工具。数据显示，我国电动自行车的社会保有量接近3亿辆，更新换代市场广阔，但当前电动车行业运营模式简单，使得电动车行业的整体物流服务水平不高，用户需求得不到满足。物流能否在电动车行业做"加法"，海尔旗下的日日顺物流提出前置1km零配件组装方案，连接车企、零部件供应商、用户等，搭建起大规模定制的场景生态平台，打通全链路创新的节点，为推动两业融合提供借鉴。

日日顺物流依托遍布全国的触点网络，交互感知用户对电动车周边附件等的定制需求，创新电动车行业的运营模式，打造出行业首个"前置装配中心"，在现有仓库传统存储功能的基础上做"加法"，赋能迭代仓产品增加再加工功能，开辟行业发展"新赛道"。

基于用户对电动车的车筐、前轮、脚踏、刹车、后车座、塑件等组件的定制需求，日日顺物流把电动车生产线上模块的组装工序前置到离用户最近的仓内，采用高位定制货架进行零配件存储，并按照用户体验提供配件组装的解决方案，满足一站式装配的场景服务体验。同时，为了让用户体验到极致、精准、高端的场景服务，日日顺物流在电动车行业先行先试，为用户提供免费配送偏远地区、免费拆箱、免费安装电池、免费组装配件、免费验车，以及与用户签订用车回执等"五免一回执"增值服务，全面解决用户网购电动车的后顾之忧。与此同时，日日顺物流还迭代推出安全出行防护、挂牌出行、无限续航，以及前置1 km仓装配生态等一站式出行场景解决方案，目前已吸引电动车知名品牌小鸟、新日、爱玛、绿源、雅迪等37家行业领先品牌融合共创，壮大出行领域的"黑海生态"，创造用户美好的出行体验。

【问题与思考】

物流业与制造业"两业联动"与"深度融合创新发展"相比，有什么不同？

【内化与提升】

"两业联动"强调加强制造业与物流业间的相互协同和相互促进，"深度融合创新发展"在"两业联动"的基础上，更加突出"深度融合"和"创新发展"。其中，"深度融合"体现了物流业与制造业在供应链全链条上的战略合作、相互渗透和共同发展。当然，这不是要回到以前制造企业"大而全、小而全"、自我服务的传统物流模式，而是在专业化分工基础上形成"优势互补、你中有我、我中有你"的深度合作。"创新发展"体现在结合制造企业的实际需求不断创新物流管理和服务模式上，同时适应物流业创新发展趋势，反过来优化制造业生产流程，发展定制化生产等服务型制造新模式，进一步提高物流业、制造业的市场竞争力和增值水平。与"两业联动"相比，"深度融合、创新发展"范围更广、程度更高、联动更加紧密。"两业联动"是"深度融合、创新发展"的前提和基础，"深度融合、创新发展"是"两业联动"的高级形态和必然趋势。

第二节
物流外包

一、物流外包的概念

微课
物流外包

《物流术语》（GB/T 18354–2021）将物流外包（logistics outsourcing）定义为：企业将其部分或全部物流的业务交由合作企业完成的物流运作模式。即制造或销售企业为了集中资源、节省管理费用、增强核心竞争力，将其物流业务以合同的方式委托给专业的物流公司运作。外包是一种长期的、战略性的、相互渗透的、互惠互利的业务委托和合约执行方式。

二、物流外包的特点

物流外包具有如下特点：

（一）使企业集中精力于核心业务

物流是顺应社会专业化分工深化、细化要求的必然结果，只有发展专业化物流，才能显示出新技术和专业分工的优势，而将企业从其不太熟悉的领域中解放出来，一心一意地从事主业。企业的资源有限，不能面面俱到，尤其对于中小型生产制造企业来说，重点在于开发产品，兼顾物流不仅占用资金还会增加成本，不如与第三方物流合作。

（二）加快资金周转，节约物流成本

第三方物流为企业提供了专业的物流服务，企业不需要自建仓库、购置物流设备、组建运输车辆，这样就会减少投资和固定资金的占用，加快资金周转。中小型企业没有足够的资金和精力去更新自己的物流水平，而第三方物流是提供专业物流服务的，随着科技的日益进步，会不断升级自己的信息技术和设备，以提供更快、更好的服务。

（三）增强了企业对第三方物流企业的依赖性

所有的组织在某种程度上都依赖于外部环境，需要从外部组织获得所需资源或某种产品或服务。因此，通过外包企业与外部组织建立合作，形成战略联盟。目前，市场上能提供一体化的、无缝隙服务的第三方物流企业比较稀缺，主要集中在少数大型物流公司，物流服务的供应呈现出市场集中性、资源稀缺性的特点，这样就增强了企业对第三方物流企业的依赖性。

（四）削弱了企业的控制力

企业将物流业务外包给第三方，对物流流程及相关问题的控制力有所下降，并会对第三方物流产生较强的依赖。因此，在合作的过程中，若经双方共同商议后出现了问题，很有可能会出现相互推诿责任的情况，从而影响工作效率。

（五）影响与客户的关系

第三方物流为企业将最终产品送达顾客，并负责售后服务，企业与顾客间直接接触机会的减少势必会增强顾客对第三方物流的印象，从而影响企业的形象。并且第三方物流会获得有关客户的第一手资料，这对企业的商业机密和顾客管理方面都

会造成不利。

（六）受第三方物流经营风险的影响

企业与第三方物流之间建立的是长期合作伙伴关系，若第三方物流内部出现状况，会影响到与之合作的企业的正常运行，企业解除合同，再寻找其他第三方物流会产生较高成本，并且需要一定时间的磨合。

三、物流外包的条件

物流外包需要具备以下条件：

（一）物流对企业成功的影响度和企业对物流的管理能力

如果物流对企业成功的重要度较高，企业处理物流的能力相对较低，则采用外包物流；如果物流对企业的重要度较低，企业处理物流的能力也相对较低，则采用外购物流服务。

（二）企业产品自身的物流特点

大宗工业品原料的回运或鲜活产品的分销，应利用相对固定的专业物流服务供应商和短渠道物流；全球市场的分销宜采用地区性专业物流公司提供支援；技术性较强的物流服务，如口岸物流服务，企业应采用委托代理的方式；对非标准设备的制造商来说，企业自营虽有利可图，但还是应该交给专业物流服务公司去做。

（三）物流外包的客户服务能力

在选择物流模式时，考虑物流成本尽管很重要，但物流外包为本企业及企业客户提供服务的能力是选择物流服务至关重要的因素。也就是说，物流外包满足企业对原材料及时需求的能力和可靠性，物流外包提供商对企业的零售商和最终客户不断变化需求的反应能力等应该作为首要考虑因素。

（四）企业的规模和实力

中小企业受人员、资金和管理的资源限制，物流管理效率难以提高。此时，企业为把资源用于核心业务，就应该将物流管理交给第三方物流公司代理。

（五）能够正确选择自拥资产和非自拥资产的物流外包

自拥资产的第三方物流是指有自己的运输工具和仓库，实际从事物流运作的专业物流公司。它们拥有较大规模的客户基础和全面的物流系统，通常专业化程度较高，但灵活性往往受到一定限制。非自拥资产第三方物流是指不拥有硬件设施或只租赁运输工具等少量资产，他们主要从事物流系统设计、库存管理和物流信息管理等职能，而将货物运输和仓储等具体作业活动交由别的物流企业承担，但对系统运作承担责任的物流管理公司。这类公司通常运作灵活，能够不断调整服务内容，可以自由混合、调配供应商，管理费用较低。企业要有能力根据自己的需求对这两种模式加以选择和利用。

【德技并修】
心中有民——可敬的物流场景服务师冯晓兵

从送产品到送场景，日日顺物流场景服务师技能持续升级。提起物流，想必大多数人最先想到的就是送货。传统意义上的物流还是以送货为主，即将货物送到作为一次服务的结束。但日日顺场景物流大不相同，它不只是送产品，而且是送成套的场景解决方案。因此，这也对日日顺场景物流的服务师们提出了更高的要求。在场景物流模式的引导下，每个场景服务师不断自我提升，学习多项技能，力求创造最佳用户体验。

冯晓兵是日日顺物流在天津地区的场景服务师。每个月送货400单以上，每天平均15单左右，有时甚至忘记了休息，节假日也依旧奔波在天津街头。对冯晓兵来说，工作的最大成就感来自用户。有一次用户家中的冰箱坏了，着急换新，于是下单买了一台新冰箱。冰箱当天晚上才送到网点，考虑到没有冰箱用户家中的食物可能变质，冯晓兵提前进行沟通，并于当晚22：00准时把冰箱送到用户家中，仔细安装和调试后，让用户当天用上了新冰箱。

用户对冯晓兵的评价几乎都是"服务态度好""送货非常及时""人很亲切"，但在冯晓兵眼里，这些只不过是他的本职工作。"顺便"这个词是冯晓兵谈话时的常用词。"每次服务的时候，不仅是货物，用户家里有的大忙小忙也会顺便帮着做一做。有些老人自己在家，比如卫生间水龙头或水管坏了，自己换不了，就顺便帮忙换一换。也不是什么大事，碰到了就顺便帮一帮。"冯晓兵眼中的"顺便"很普通，而用户眼中的"顺便"却很温暖。

【问题与思考】
物流人应具备怎样的素养？

【内化与提升】
全国5 000多万物流人奔波在路上，他们不分昼夜，在平凡的日子里坚守，在危难时担当，保障了城市的流通运行和人们的日常生活。他们牺牲的是自我，服务的是人民，在平凡的岗位上做出不平凡的贡献。

四、自营物流和物流外包的比较分析

（一）物流管理方式选择时应考虑的因素

自营物流与物流外包相辅相成，各有优势。企业在选择物流管理方式时，要综合考虑自身的需要和资源条件。对于规模较大、实力较雄厚的大型企业，可以建立自身的物流系统，利用规模效应降低物流成本，从而拓展利润空间。而对于物流管理能力不足、规模经济不明显，并且物流业务对其核心能力影响甚小的中小型生产企业，应该鼓励物流外包。选择物流管理方式时应考虑的因素如表4-1所示。

表4-1　选择物流管理方式时应考虑的因素

影响因素		自营物流	物流外包
企业规模或实力	大	√	
	小		√
物流对企业成功的影响度	强		√
	弱	√	
企业对物流的控制力	强	√	
	弱		√
企业对物流的管理能力	强	√	
	弱		√
物流系统总成本	高		√
	低	√	
产品自身特点	食品类产品		√
	市场或地域跨度大的产品		√
	技术性强的物流服务		√
	产品规格统一的产品	√	

（二）京东物流配送模式与淘宝物流配送模式的对比分析

1. 京东的物流配送模式

京东商城采用自建物流配送体与第三方物流相结合的方式。它以自建物流为配送基础，目前已经建立华北、华东、华南、西南、华中、东北六大物流中心，同时在全国超过360座城市建立了核心城市配送站。随着业务范围的不断扩大，京东商城的业务已经从国内一线城市逐渐扩张到二三线城市，但如果在每个二三线城市都自建物流配送中心，则成本压力过大，因而采用了与第三方物流公司合作的模式。

与之合作的第三方物流公司主要有中国邮政、宅急送、顺丰、圆通、申通、韵达等大型物流公司，其运行方式也与淘宝一样。这种与第三方物流公司合作的方式，很大程度上缓解了自建物流仓储中心的配送压力，提高了京东商城的交易量。

2. 淘宝的物流配送模式

淘宝的第三方物流配送模式是外包给以快递公司为代表的第三方物流公司完成的。在O2O物流配送模式下，物流配送公司根据客户的各种需求，对货物进行分类、编码、整理、配货等操作，在约定的时间和地点将商品送给客户。由于淘宝商家和用户需求的分散性，快递公司需要把大量订单进行集中处理，在集合订单过程中发现并提取规模价值，这是传统配送理论在电子商务环境下的发展。

当前，淘宝在与物流公司合作之前，都会就物流服务的价格、内容、方式、优惠条件、赔付条款、监控监督等签订协议，规范双方的责任和义务。在实际物流业务中，作为平台提供商的淘宝，只作为与其签订协议的物流公司的推荐者和监控监督者，以及投诉的裁决者，并不干涉其客户的选择权，而是由客户自行比较，自主选择淘宝推荐的物流公司。

3. 京东商城的自营物流与淘宝的第三方物流比较

京东商城的自营物流与淘宝的第三方物流相比更具有竞争优势。自营物流的整体发货流程控制力很强，信息化应用到位，各环节紧密衔接，使整个发货流程快捷、稳定。自营物流与第三方物流比较如表4-2所示。

表4-2 自营物流与第三方物流比较

	自营物流	第三方物流
仓储管理	集中统一配送管理，专业性强；集中分类包装发货	专业化程度低，仓储管理混乱；手动拣货、包装、发货
订单管理	系统自动生成订单发货计划；同一位买家订单整合	订单管理无序，手工生成发货计划
运输管理	自营物流仓库发货配送；信息系统自动生成配送计划并跟踪	在承运的物流公司提货；根据运单跟踪货物
库存控制	信息平台提供动态库存信息；企业可通过计算机信息网络平台管理库存	无库存控制信息，根据经验管理库存
物流费用结算	仓储、运输、信息系统等成本统一按企业生产成本计算	仓储费用自己结算；物流配送费用与物流结算
退货管理	京东商城统一管理退货流程，受理、收件、响应速度快，客户满意度高	客户向物流公司退货等待时间长，容易出现货物已损坏、丢失等现象

物流配送是电子商务交易过程中的重要环节，在一定程度上决定着电子商务的发展。目前，我国电子商务主要采用的是与第三方物流合作的配送模式和自建物流配送模式，这两种模式各有优缺点。企业要根据自身的经济实力和客观要求来决定采用哪种模式，并且随着宏观经济的发展趋势和自身发展的客观要求不断调整物流模式选择策略，只有这样才能做到长远发展。

【降本增效】
践行"两业"融合，推动降本增效

海尔积极响应国家号召，自觉践行物流业与制造业融合，推动降本增效。海尔将战略聚焦于智能制造核心业务，通过建立开放融合的体系，与物流业协同创新，将固定成本转化为变动成本，并通过吸引国际一流的社会化物流资源，将售后备件仓储运输、所有制造工厂的原材料厂内配送及成品仓储发货业务进行外包。结合海尔的需求，山东邮政速递物流有限公司设计推出了精准需求解决方案，突出大资源换大资源的战略合作布局，与海尔建立了战略合作关系，共同推进并建立了高效、智能化的端到端一站式物流服务体系。在具体实践中，山东邮政速递物流有限公司以售后备件和入厂物流两大板块为切入点，业务范围涵盖了全国六省一市的备件仓配运输一体化、原材料配送、成品仓储装卸、半成品前工序预装和生产线外包业务，并交由山东邮政速递物流有限公司专门成立的海尔项目组负责具体操作。海尔项目组通过精细化物流供应链的构建与实施，备配件到货整体时效较先前提升了2～3天，入厂物流由月均90分钟降到月均30分钟以内，停线时间压缩了67%，原材料的日均库存量有效压缩，取得了厂内库存区面积减半的效果。据粗略统计，2019年，仅人工成本单项就为海尔节省成本2 000余万元。山东邮政速递物流有限公司与海尔集团的合作范围不断拓宽，业务黏合度进一步增强。目前，海尔项目组是唯一在海尔集团系统内厂内物流业务无须走招标流程，可通过议价方式完成项目合作的服务商，且多次荣获海尔集团"服务最佳运营奖""最优供应商"等奖项。

【问题与思考】
1. 海尔集团选择的是自营物流还是物流外包？
2. 山东邮政速递物流有限公司为何被评为海尔集团"服务最佳运营奖""最优供应商"？

【内化与提升】
海尔集团在物流供应商的选择上不拘一格，不同阶段、不同业务、不同市场可以根据需要进行选择，既有自有物流，也有物流外包，还有自营物流与物流外包同时进行。

习近平总书记说："创新是引领发展的第一动力。抓创新就是抓发展，谋创新就是谋未来。""创新发展"是山东邮政速递物流有限公司制胜的法宝。它适应市场变化和客户需求，敏锐捕捉行业热点，积极发挥国有企业的体制机制优势和邮政企业的资源优势，主动对接地方政府，积极打造运输、配送、仓储等一体化物流服务创新，为制造业赋能提速。

【同步测试】

一、单项选择题

1. 现代物流是企业的第（　　　）利润源泉。
   A. 一　　　　　　B. 二　　　　　　C. 三　　　　　　D. 四

2. 如果物流对企业成功的重要度很高，且企业处理物流的能力也强，可选择（　　　）。
   A. 物流外包　　　B. 自营物流　　　C. A和B　　　　D. A或B

3. 自营物流的优势不包括（　　　）。
   A. 掌握控制权　　　　　　　　　B. 降低交易成本
   C. 为企业带来利润　　　　　　　D. 避免商业秘密的泄露

4. 产品线单一或为主营业务做配套的企业，应在龙头企业的统一管理下开展（　　　）。
   A. 自营物流　　　B. 外包物流　　　C. A和B　　　　D. A或B

5. 自营物流是指由企业自身经营物流业务的形式，一般是在企业内部设立（　　　）的综合管理部门。
   A. 物流运作　　　B. 商流运作　　　C. 资金流运作　　　D. 信息流运作

二、多项选择题

1. 下列（　　　　）属于物流系统总成本的构成项目。
   A. 总运输成本　　　　　　　　　B. 库存维持费用
   C. 客户服务费用　　　　　　　　D. 订单处理和信息费用

2. 自营物流运营模式的优势包括（　　　　）。
   A. 控制力强　　　　　　　　　　B. 节约成本
   C. 保护企业商业机密　　　　　　D. 投资小

3. 物流外包风险包括（　　　　）。
   A. 削弱企业的控制力　　　　　　B. 影响与客户的关系
   C. 加大投资力度　　　　　　　　D. 不利于核心业务发展

4. 《推动物流业制造业深度融合创新发展实施方案》重点聚焦于（　　　　　）的关键环节。
   A. 促进企业主体融合发展　　　　B. 促进设施设备融合联动
   C. 促进业务流程融合协同　　　　D. 促进标准规范融合衔接
   E. 促进信息资源融合共享

5. 选择物流管理方式时，应考虑的因素包括（　　　　　）。
   A. 企业的规模或实力　　　　　　B. 物流是否为其核心竞争力
   C. 企业对物流的控制力　　　　　D. 产品自身的特点

三、判断题

1. 自营物流的主要经济来源不是物流。（ ）
2. 物流外包是一种长期的、战略性的、相互渗透的、互惠互利的业务委托和合约执行方式。（ ）
3. 由于企业将物流业务外包给第三方，会对第三方产生较强的依赖性，可能会影响工作效率。（ ）
4. 企业在选择物流管理方式时，要综合考虑自身的需要和资源条件。（ ）
5. 京东商城采用的是自营物流。（ ）

【综合实训】

实训项目： 施耐德电气公司的物流运营策略案例分析。

实训目标： 强化学生对自营物流和物流外包运营策略的认识。

实训资料：

施耐德与第三方物流的融合创新案例

施耐德电气有限公司（简称"施耐德"）于1979年进入中国市场，是最早进入中国的世界500强企业之一，强大的物流网络平台、先进的物流管理模式、丰富的物流管理经验助力其业务发展蒸蒸日上。

在中国，施耐德将国际物流外包给仕嘉、泛亚班拿、德迅三家物流商，将国内公路运输从过去的20多家物流商整合到现在的中国邮政、嘉里大通、马士基等13家物流商。

以上运输外包属于传统物流外包型运作模式。企业外包物流业务，降低了库存，甚至达到"零库存"，节约了物流成本。同时可精简机构，集中资金、设备于核心业务，提高核心竞争力。第三方物流企业各自以契约形式与客户形成长期合作关系，保证了稳定的业务量，避免了设备闲置。这种模式以生产商或经销商为中心，第三方物流公司几乎不需要专门添置设备和业务训练，管理过程简单。订单由产销双方共同完成，第三方物流公司只完成承包服务，不介入企业的生产和销售计划。这种模式的最大缺陷是生产企业与销售企业以及与第三方物流公司之间缺少沟通的信息平台，会造成生产的盲目性和运力的浪费与不足，以及库存结构的不合理。

基于运输外包的经验，施耐德在做仓储外包时，采取战略联盟型物流运作模式。这种模式是第三方物流（包括运输、仓储、信息经营者等）以契约形式结成战略联盟，内部进行信息共享和信息交流，相互之间协作，形成第三方物流网络系统。联盟可包括多家同地和异地的各类运输企业、场站、仓储经营者，理论上联盟规模越大，可获得的总体效益越大。联盟内部各成员间的共享数据库实现了信息共享和信息沟通。

施耐德北京中压厂把仓储和运输外包给了CAAC公司，施耐德上海配电厂把仓储外包给了天地公司，施耐德上海国际采购部把仓储运输外包给辛克物流。施耐德与这些第三方物流公司都实现了信息传递与共享。

施耐德的体会是：首先，系统中加入了信息平台，实现了信息共享和信息交流，各单项实体以信息为指导制订运营计划，在联盟内部优化资源。同时，信息平台可作为交易系统，完成产销双方的订单和对第三方物流服务的预定购买。其次，联盟内部各实体实行协作，某些票据联盟内部通用，可减少中间环节，提高效率，使得供应链衔接更顺畅。

实训要求：

（1）以小组为单位进行案例分析。

（2）以小组为单位提交案例分析结果，形成 Word 文稿和 PPT 各一份。

（3）体会物流业制造业两业深度融合创新发展的深刻意义。

实训指导：

（1）认真阅读案例，了解案例中涉及的相关企业。

（2）回顾自营物流与物流外包的特点及适用条件。

（3）案例分析重点是：物流外包的优点及隐藏的风险；如果施耐德构建自营物流系统，应重点注意什么。

实训评价：

实训评价表

班级：　　　　　　　　　　姓名：　　　　　　　　　学号：

学习情景：两业融合案例分析

评价项目	评价标准		分值	得分
考勤（10%）	没有无故迟到、早退、旷课现象		10	
工作过程（60%）	案例真实	能分析一个真实案例	10	
	故事情节	有与案例相对应的故事情节	5	
	物流知识	有与案例相对应的物流知识	10	
	文字功底	语句通顺	5	
	工作态度	态度端正、工作认真、积极主动	10	
	沟通协调能力	能与团队成员合作交流、协调工作	10	
	职业素养	具有服务意识、创新意识、协同意识	10	
项目成果（30%）	工作完整		5	
	工作规范		10	
	案例报告		10	
	成果展示		5	
合计			100	

第五章

物流运作管理

知识目标

- 掌握典型物流运作的概念
- 理解典型物流运作的特点
- 掌握典型物流运作的模式

技能目标

- 能够查阅典型物流业态的政策文件
- 能够识别典型物流运作模式
- 能够描述典型物流运作流程
- 能够列举典型物流运作案例

素养目标

- 树立敬业精神，牢固树立安全意识
- 具备物流人的职业操守，高效组织物流生产
- 培养承担社会责任的担当意识

●思维导图

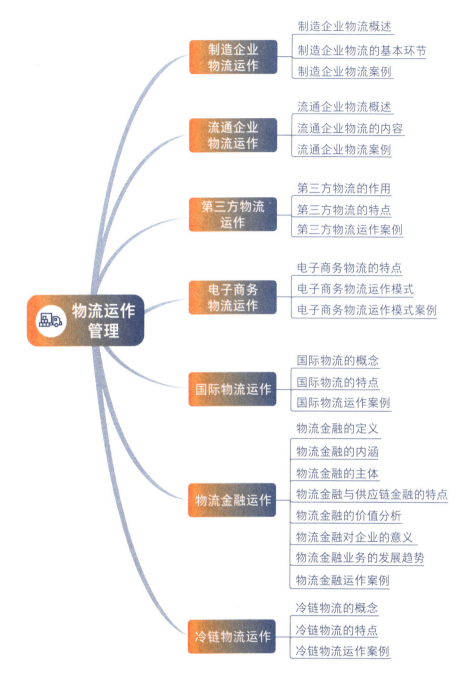

制造企业物流运作
制造企业物流概述
制造企业物流的基本环节
制造企业物流案例

流通企业物流运作
流通企业物流概述
流通企业物流的内容
流通企业物流案例

第三方物流运作
第三方物流的作用
第三方物流的特点
第三方物流运作案例

电子商务物流运作
电子商务物流的特点
电子商务物流运作模式
电子商务物流运作模式案例

物流运作管理

国际物流运作
国际物流的概念
国际物流的特点
国际物流运作案例

物流金融运作
物流金融的定义
物流金融的内涵
物流金融的主体
物流金融与供应链金融的特点
物流金融的价值分析
物流金融对企业的意义
物流金融业务的发展趋势
物流金融运作案例

冷链物流运作
冷链物流的概念
冷链物流的特点
冷链物流运作案例

【引导案例】
物流运作的安全要求

　　2015年8月12日22时51分46秒，位于天津市滨海新区吉运二道95号的瑞海公司危险品仓库运抵区最先起火，发生了两次爆炸，分别形成月牙形小爆坑和圆形大爆坑。事故现场形成6处大火点及数十个小火点。该仓库运抵区是"待申报装船出口货物运抵区"的简称，属于海关监管场所，用金属栅栏与外界隔离。由经营企业申请设立，经海关批准，主要用于出口集装箱货物的运抵和报关监管。

以大爆坑为爆炸中心，150米范围内的建筑被摧毁，东侧的瑞海公司综合楼和南侧的中联建通公司办公楼只剩下钢筋混凝土框架。堆场内大量普通集装箱和罐式集装箱被掀翻、解体、炸飞，形成由南至北3座巨大堆垛，一个罐式集装箱被抛进中联建通公司办公楼4层房间内，多个集装箱被抛到该建筑楼顶。参与救援的消防车、警车和位于爆炸中心南侧的吉运一道和北侧吉运三道附近的顺安仓储有限公司、安邦国际贸易有限公司储存的7 641辆商品汽车和现场灭火的30辆消防车在事故中全部损毁，邻近中心区的贵龙实业、新东物流、港湾物流等公司的4 787辆汽车受损。

事故造成165人遇难，8人失踪，798人受伤住院治疗，304幢建筑物、12 428辆商品汽车、7 533个集装箱受损。截至2015年12月10日，事故调查组依据《企业职工伤亡事故经济损失统计标准》（GB6721-1986）等标准和规定，已核定直接经济损失68.66亿元人民币。爆炸还引燃了周边建筑物以及大量汽车、焦炭等普通货物，本次事故残留的化学品与产生的二次污染物逾百种，对局部区域的大气、水和土壤环境造成了不同程度的污染。

资料来源：天津港"8·12"瑞海公司危险品仓库
特别重大火灾爆炸事故调查报告

案例思考：

1. 这是什么业态的物流运作？
2. 常见的物流业态有哪几种类型？
3. 物流运作有什么安全要求？其责任目标是什么？

案例分析：

这是一起物流运作安全事故。瑞海公司是天津口岸危险品货物集装箱业务的大型中转、集散中心，是天津海事局指定的危险货物监装站场和天津交通运输委员会港口危险货物作业许可单位。该公司违规经营并储存危险货物，安全管理极其混乱，未履行安全生产主体责任，致使大量安全隐患长期存在。在物流运作过程中，存在违规存放硝酸铵，严重超负荷经营，超量存储，违规混存，超高堆码危险货物，违规开展拆箱、搬运、装卸等作业，安全生产教育培训严重缺失，未按规定制定应急预案并组织演练等现象。这一血的教训告诉我们，在物流运作过程中，应该统筹安全与发展，严格按照物流运作流程进行规范操作，禁止违规操作。

第一节
制造企业物流运作

一、制造企业物流概述

制造企业物流是指以购进生产所需要的原材料、设备为起点，经过劳动加工，形成新的产品，然后供应给社会所需部门为终点的全过程的物流形式。该过程要经过原材料及设备采购供应阶段、生产阶段、销售阶段，这三个阶段产生了生产企业纵向的三段物流形式。以下详细介绍生产物流。

生产方式不同，生产物流管理的侧重点也就不同。不同的生产方式需要不同的物流模式。生产系统中的物流通常根据物流连续性特征从低到高或产品需求特征从品种多、产量少到品种少、产量多，把生产过程划分成以下五种类型。

（一）项目型生产过程及其生产物流的特征

项目的特征是：有具体的开始时间和结束时间，有严格定义的最终目标，有成本计划和时间计划，能够产生具体结果，只发生一次。具有项目特征的生产物流系统包括两种。一种是只有物料流入，几乎没有物料流出的"纯项目型"生产物流系统。其典型的生产活动如建筑工程与安装工程，典型企业如建筑企业，典型产品如住宅、厂房、公路、铁路、机场、大坝等。另一种是在物料流入生产场地后，滞留相当长时间再流出的"准项目型"生产物流系统。其典型的生产活动如大型专用设备、大型高价值产品的设计与制造，典型企业如重型机械厂、造船厂、飞机制造厂等，典型产品如大型水电设备、冶金设备、轮船、飞机等。

其生产物流的特征如下：

（1）物料采购量大，供应商多变，外部物流较难控制。

（2）生产过程中原材料、在制品占用大，几乎无产成品占用。

（3）物流在加工场地的方向不确定，加工路线变化极大，工序之间的物流联系不规律。

（4）物料需求与具体产品之间存在一一对应的相关需求。

（二）单件小批量型生产过程及其生产物流的特征

单件小批量型生产过程是指需要生产的产品品种多，但每个品种生产的数量甚少，生产重复度低的生产物流系统。其生产物流的特征如下：

（1）生产的重复程度低，从而物料需求与具体产品制造之间存在一一对应的相关需求。

（2）由于单件生产，产品设计和工艺设计存在低重复性，从而物料的消耗定额不容易或不适宜准确制定。

（3）生产品种的多样性使得制造过程中采购物料所需的供应商多变，外部物流较难控制。

（三）多品种小批量型生产过程及其生产物流的特征

多品种小批量型生产过程是指生产的产品品种繁多，并且每个品种都有一定的生产数量，生产重复度中等的生产物流系统。

由于企业必须按照用户需求以销定产，致使制造企业物流配送管理工作复杂化，因此协调采购、生产、销售物流并最大限度地降低物流费用是该生产物流系统最大的目标。其生产物流的特征如下：

（1）物料生产的重复度介于单件生产和大量生产之间，一般是制定生产频率，采用混流生产。

（2）以物料需求计划（MRP）实现物料的外部独立需求与内部相关需求之间的平衡。以准时生产制（JIT）实现客户个性化特征对生产过程中物料、零部件、成品的拉动需求。

（3）由于产品设计和工艺设计采用并行工程处理，物料的消耗定额容易准确制定，从而产品成本容易降低。

（4）由于生产品种的多样性对制造过程中物料的供应商有较强的选择要求，从而外部物流的协调较难控制。

（四）单一品种大批量型生产过程及其生产物流的特征

单一品种大批量型生产过程是指生产的产品品种数相对单一，而产量却相当大，生产的重复度非常高且大批量配送的生产物流系统。

企业面临的主要问题是如何增加产品数量，因此从物流角度看，各种物料的计划、采购、验收、保管、发放、节约使用和综合利用贯穿生产管理过程始终。

其生产物流的特征如下：

（1）由于物料被加工的重复度高，物料需求的外部独立性和内部相关性易于计划和控制。

（2）由于产品设计和工艺设计相对标准和稳定，物料的消耗定额容易并适宜准确制定。

（3）生产品种的单一性，使得制造过程中物料采购的供应商固定，外部物流相对而言较容易控制。

（4）为了达到物流自动化和效率化，强调在采购、生产、销售等各功能系统化方面引入运输、保管、配送、装卸、包装等物流作业中各种有机配合的先进技术。

（五）多品种大批量型生产过程及其生产物流的特征

多品种大批量型生产过程也叫大批量定制生产（mass customization，MC），是一种以大批量生产的成本和时间提供满足客户特定需求的产品和服务的新的生产物流系统。其基本思想是：将定制产品的生产，通过产品重组和过程重组全部转化或部分转化为大批量生产问题。对客户而言，所得到的产品是定制的、个性化的；对生产厂家而言，该产品是采用大批量生产方式制造的成熟产品。

其生产物流的特征如下：

（1）物料被加工成型产品的重复度高，而对装配流水线则有更高的柔性要求，从而实现了大批量生产和传统定制生产的有机结合。

（2）物料在采购、设计、加工、装配、销售等流程中要满足个性化定制要求，并实现订单信息化、工艺过程管理计算机化与物流配送网络化。

（3）产品设计的"可定制性"与零部件制造过程中由于"标准化、通用化、集中化"带来的"可操作性"的矛盾，往往与物料的性质与选购、生产技术手段的柔性与敏捷性有很大关联。

（4）库存不再是生产物流的终点，以快速响应客户需求为目标的物流配送与合理化库存将真正体现出基于时间竞争的物流速度效益。

（5）生产品种的多样性和规模化制造，要求物料的供应商、零部件的制造商，以及成品的销售商之间的选择实现全球化、电子化、网络化。

二、制造企业物流的基本环节

制造企业物流的基本环节包括供应物流、生产物流、销售物流、逆向物流与回收物流，以及废弃物物流。

（一）供应物流

《物流术语》（GB/T 18354–2021）将供应物流（supply logistics）定义为：为生产企业提供原材料、零部件或其他物料时所发生的物流活动。

1. 供应物流的环节

供应物流的环节包括获取资源、到厂物流及厂内物流三个环节。

（1）获取资源。它是完成以后所有供应活动的前提条件。取得什么样的资源，这是核心生产过程提出来的，同时也要按照供应物流可以承受的技术条件和成本条件辅助这一决策。

（2）到厂物流。所取得的资源必须经过物流才能到达企业。这个物流过程是企业外部的物流过程。在物流过程中，往往要反复运用装卸、搬运、储存、运输等物流活动才能使取得的资源到达企业。

（3）厂内物流。如果企业外物流到达企业的"门"，便以"门"作为企业内外的划分界限。例如，以企业的仓库为外部物流终点，便以仓库作为划分企业内外物流的界限。这种从"门"和仓库开始继续到达车间或生产线的物流过程，称作供应物流的企业内物流。

传统的企业供应物流都是以企业仓库为调节企业内外物流的结点。因此，企业的供应仓库在工业化时代是一个非常重要的设施。

供应物流有四种组织方式：委托销售企业代理、第三方物流企业、购买方自行组织和供应链供应。

2. 供应物流系统的组成

（1）采购。采购是供应物流和社会物流的连接点，是依据生产企业的"生产—供应—采购"计划来进行原材料外购的作业层，负责市场资源、供货厂家、市场变化等信息的采集和反馈。

（2）生产资料供应。生产资料供应是供应物流与生产物流的连接点，是依据"供应计划—消耗定额"进行生产资料供给的作业层，负责原材料消耗的控制。

（3）仓储、库存管理。仓储、库存管理是供应物流的转换点，负责生产资料的接货和发货，以及物料保管工作。

（4）装卸、搬运。装卸、搬运是原材料接货、发货堆码时进行的操作，是衔接供应物流其他活动的重要组成部分。

（二）生产物流

1. 生产物流的概念

《物流术语》（GB/T 18354–2021）将生产物流（production logistics）定义为：生产企业内部进行的涉及原材料、在制品、半成品、产成品等的物流活动。从购进原材料入库时起，到产品进入成品库为止的期间内所发生的所有物流活动都属于生产物流的范畴。

2. 生产物流的对象

生产物流的对象涉及原材料、配件、半成品等物料；其路径伴随着生产流程、生产工艺和工厂布局；其范围涵盖供应库与车间、车间与车间、工序与工序、车间与成品库之间的流转。

3. 企业生产物流的过程

企业生产物流的过程为：原材料、零部件、燃料等辅助材料从企业仓库和企业"门口"开始，进入生产线的开始端，再进一步随着生产加工过程中的各个环节运动。在运动过程中，辅助材料本身被加工，同时产生一些废料、余料，直到生产加工，再运动至成品仓库，便终结了企业生产物流过程。

4. 生产物流的类型

根据物料在生产工艺过程中的特点不同，生产物流可以划分为如下三类：

（1）项目型生产物流。生产系统需要的物料进入生产场地后，几乎处于停止的

"凝固"状态，或者说在生产过程中物料的流动性不强。

（2）连续型生产物流（流程式生产）。物料均匀、连续地进行，不能中断，工序之间几乎没有在制品储存。

（3）离散型生产物流（加工装配式生产）。整个产品的生产工艺是离散的，各个零部件的加工过程彼此独立，通过装配和总装配最后成为产品，各个生产环节之间有一定的在制品储存。

（三）销售物流

《物流术语》（GB/T 18354-2021）将销售物流（distribution logistics）定义为：企业在销售商品过程中所发生的物流活动。销售物流的组织方式需适应销售渠道及产品类型的需要。企业的销售渠道按结构不同，通常可以分为以下三种形式：

（1）生产者→消费者；

（2）生产者→批发商→零售商→消费者；

（3）生产者→零售商或批发商→消费者。

（四）逆向物流与回收物流

1. 逆向物流

（1）逆向物流的概念。《物流术语》（GB/T 18354-2021）将逆向物流（reverse logistics）定义为：为恢复物品价值、循环利用或合理处置，对原材料、零部件、在制品及产成品从供应链下游节点向上游节点反向流动，或按特定的渠道或方式归集到指定地点所进行的物流活动。

（2）逆向物流的主要作用。逆向物流的主要作用包括降低物料成本，增加企业效益；提高顾客价值，增加竞争优势；提高潜在问题的透明度。

2. 回收物流

（1）回收物流的含义。企业废旧物资具有再利用价值，所以要对其中有再利用价值的部分进行收集、分拣、加工，以使其成为有用的物资，重新进入生产或消费领域。与此活动对应的物流活动就是回收物流。

（2）废旧物资的几种类型。

① 企业的生产工艺性废料。

② 企业生产过程中产生的废品。

③ 企业生产过程中损坏和报废的机械设备。

④ 企业生产维修过程中更换下来的各种废旧零件和材料。

⑤ 原材料和设备的各种包装废弃物。

⑥ 由磨损产生的旧材料和旧设备等。

（五）废弃物物流

《物流术语》（GB/T 18354-2021）将废弃物物流（waste logistics）定义为：将经济活动或人民生活中失去原有使用价值的物品，根据实际需要进行收集、分类、加工、包装、搬运、储存等，并分送到专门处理场所的物流活动。废弃物物流是当对象物失去原有价值或再利用价值时，为保护环境而将其妥善处理的物流活动。

三、制造企业物流案例

零库存：一汽大众的为什么行

一汽大众实现"零库存"的方法如下：

1. 进货的"零库存"处理流程

一汽大众零部件的送货形式有三种：

第一种是电子看板，即公司每月把生产信息用扫描的方式通过计算机网络传递到各供货厂，对方根据这一信息安排自己的生产，公司按照生产情况发出供货信息，对方马上用自备车辆将零部件送到公司各车间的入口处，再由入口处分配到车间的工位上。

第二种是"准时化"，即公司按整车顺序把配货单传送到供货厂，对方也按顺序装货，直接把零部件送到工位上，从而取消了中间仓库环节。

第三种是批量进货，供货厂每月对于那些不影响大局又没有变化的小零部件分批量递送1～2次。

2. 在制品的"零库存"管理

公司很注重在制品的"零库存"管理。在该公司流行着这样一句话：在制品是万恶之源。这句话用以形容大量库存带来的种种弊端。在生产初期，捷达车的品种比较单一，颜色也只有蓝、白、红三种。公司的生产全靠大量库存来保证。随着市场需求的日益多样化，传统的生产组织方式面临着严峻挑战。在整车车间，生产线上每辆车的车身上都贴着一张生产指令表，零部件的种类及装配顺序一目了然。计划部门控装车顺序通过计算机网络向各供货厂下计划，供货厂按照顺序生产、装货，生产线上的工人按顺序组装，一伸手拿到的零部件保证就是他正在操作的。物流管理就这样使原本复杂的生产变成了简单而高效的"傻子工程"。令人惊讶的是，整车车间的一条生产线过去仅生产一种车型，其生产现场还拥挤不堪，如今在一条生产线上同时组装2～3种车型的混流生产线，却不仅做到了及时、准确，而且生产现场比原先节约了近10%。

3. 实现"无纸化办公"

随着物流控制系统的逐步完善，计算机网络由控制实物流、信息流延伸到公司的决策、生产、销售、财务核算等各个领域中，使公司的管理实现了科学化和透明化。公司已实现了"无纸化办公"，各部门之间均通过电子邮件联系。

微课
制造企业物
流案例

"零库存"是现代物流中的管理理念，它实质上是在保证供应的前提下，实现库存费用最低的一种管理方式。工业生产和商品流通过程的阶段性目标并不一样，商业企业组织商品流通的目的是保证市场商品供应，而市场波动与供求不协调是完全正常的经济现象，但每当出现供不应求的现象时，企业为了能够保持经常性的供求平衡，一般采取增加库存，保证供应的做法，实质上是加大了流动资金的占用量。工业生产过程的复杂程度是众所周知的。在传统上，适应这种复杂生产所形成的大量原材料、配件、在制品、各种零部件的库存，及由此造成的大量资金占压，已成为许多企业的一块顽疾。为了从根本上解决这一问题，制造企业可以与物流企业融合共创，实现两业融合，协同发展。这既是国家的要求，也是企业转型发展的需要。

【社会担当】
海铁联运，推动两业融合发展

　　天津港以建设世界一流港口为目标。统筹安全生产，大力发展铁海联运，推动物流业与其他产业融合，用"津港效率"践行了央企担当。2019年1月17日，习近平总书记考察天津港时强调：经济要发展，国家要强大，交通特别是海运首先要强起来。要志在万里，努力打造世界一流的智慧港口、绿色港口，更好地服务京津冀协同发展和共建"一带一路"。

　　天津港集团坚决贯彻习近平总书记视察天津港的重要指示精神，以协同攻关团队、院士专家工作站为依托，全面深化"企企联合""企研联合""企校联合"，加快推进最新科研成果应用于企业生产经营，形成了一批具有应用价值的自主创新成果。牢牢掌握核心科技，加快数字化发展，为世界智慧港口建设提供可复制、可推广的"中国方案""天津样板"，更好地服务于京津冀协同发展和"一带一路"建设。与国际一流港口对标对表，加大港口的智能化改造力度，提升港口能级。大力发展以海铁联运为主的多式联运，加快完善集疏运体系，进一步增强港口通达能力。统筹安全与发展，持续推动港口生产安全管理。持续优化营商环境，推动运输和通关的便利化和一体化，全面提高开放服务水平，为形成以国内大循环为主体、国内国际双循环相互促进的新发展格局贡献"津港力量"。

第二节
流通企业物流运作

一、流通企业物流概述

流通企业是在商品流通过程中，从事商品批发、商品零售或者批发零售兼营的企业。凡是按零售价格把商品销售给使用单位和消费者的业务，都属于商品零售业务。零售商品直接进入消费领域，而批发商品则不直接进入消费领域。

流通企业的主要经济功能在于降低交易成本，提高交易效率，从而推动交换、经济发展和社会福利的提高。流通企业的本质是交易的专业化生产者和提供者。生产企业主要从事生产，谋求生产的专业化利益。流通企业专职于交易，谋求交易的专业化利益，是交易的专业化生产者（或提供者），它的产出直接表现为交换效率。

流通企业的物流可分为采购物流、流通企业内部物流和销售物流三种形式。采购物流是流通企业组织货源，将物资从生产厂家集中到流通部门的物流。流通企业内部物流包括流通企业内部的储存、保管、装卸、运送、加工等各项物流活动。销售物流是企业在销售商品过程中所发生的物流活动。

批发企业物流（商贸物流）是指以批发据点为核心，由批发经营活动所派生的物流活动。在批发点中的转换是包装形态及包装批量的转换。批发业物流系统就像一个调节阀，一方面通过从制造业订购大批量的商品，另一方面则化大为小，将小批量商品送到零售商的商店，以满足零售商的需求。

零售企业物流是以零售商店、铺面为据点，以实现零售销售为主体的物流活动，包括采购管理、运输管理、储存管理、配送管理和销售服务管理等。

连锁企业物流是指零售业、饮食服务业中，若干同行业店铺以共同进货、分散销售、统一管理等方式连接起来，在同一企业形象下经营或服务的物流活动。连锁企业是共享规模效益的一种现代化经营方式和组织形式，其业务类型包括零售业、餐饮业和纯服务业等。不同业态的连锁经营包括百货商店、超级市场、专卖店、便利店、购物中心等。

二、流通企业物流的内容

（一）流通企业物流的类别

根据我国流通企业的类型不同，流通企业物流可以分为以下几种：

1. 批发企业的物流

批发企业的物流是指以批发为据点，由批发经营活动所派生的物流活动。这一物流活动对于批发的投入是组织大量物流活动的运行，产出是组织总量相同的物流对象的运出。在批发点中的转换是包装形态及包装批量的转换。

2. 零售企业的物流

零售企业的物流是以零售商店为据点，以实现零售销售为主体的物流活动。零售企业的类型有一般多品种零售企业、连锁型零售企业、直销企业等。

3. 仓储企业的物流

仓储企业是以储存业务为主要盈利手段的企业。仓储企业的物流是以接运、入库、保管保养、发运或运输为流动过程的物流活动，其中，储存保管是其主要的物流功能。

4. 配送中心物流

配送中心物流是集储存、流通加工、分货、拣选、运输等于一体的综合性物流过程。

5. 第三方物流

第三方物流通常也被称为契约物流或物流联盟，是指从生产到销售的整个物流过程中进行服务的"第三方"，它本身不拥有商品，而是通过签订合作协议或结成合作联盟，在特定的时间段内按照特定的价格向客户提供个性化的物流代理服务。它是以现代信息技术为基础，实现信息和实物快速、准确的协调传递，提高仓库管理、装卸运输、采购订货，以及配送发运的自动化水平。具体的物流内容包括商品运输、储存、配送，以及附加的增值服务等。

（二）业务模式

1. 流通业务和物流结合

企业内部的物流需求是客观存在的，但由于企业某些错误因素的作用，便形成了内部有需求但资源却被闲置的矛盾局面。这些企业可以通过制度来解决自身业务带动物流的问题，使业务资源和物流资源共同发展。

2. 区域性配送

流通企业特别是仓储资源较丰富的企业，通过提高服务和风险意识，从单纯的仓储或储运业务提升到具备物流意义的配送，从本地做起，逐步实现省际大规模的服务。

3. 跨区域物流

对于拥有仓储或运输网络资源的流通企业，拥有遍布全国的分支机构，更适合跨区域的物流。这样能有效整合资源，发挥系统及集团优势。

4. 重新融入特大型企业集团

物资供销企业应当积极参与集团的资源整合（包括电子商务），建立并发展内部物流模式，首先成为面向集团的物资供应、产品销售、仓储运输企业，逐步成为现代物流企业。

5. 并入主要用户的物流体系

国内大型制造企业正在利用自身和社会资源建立开放的物流系统，如果某些流通企业已为这类物流企业提供了物流服务，那么在平等互利的条件下，需并入用户的物流体系中，进而取得长期发展的空间。

6. 物流代理

物流代理是在统一的营销策略和市场体系下，代理方利用被代理方的业务及物流资源发展业务，扩大市场和用户资源。

7. 特许经营

资源较贫乏、没有任何品牌的流通企业，可以选择这种方式，通过与知名物流企业的合作，以被特许者的身份，利用特许者的商标、品牌、技术和业务模式等资源，在特许者的经营指导下，发展物流业务。

8. 第三方物流

第三方物流是企业的必然选择，作为一种目标模式，物流企业必然成为第三方物流或第四方物流的一部分。企业应借鉴国内外其他企业的成功经验，形成自己的经营理念，逐步实现第三方物流的理想状态。

三、流通企业物流案例

降本增效：ABC 公司为什么能

（一）ABC 公司背景介绍

ABC 公司是一家全球连锁零售企业，主要有 ABC 购物广场、ABC 会员店、ABC 商店、ABC 社区店四种业态。

ABC 公司的业务之所以能够迅速增长，一方面得益于其经营管理策略，另一方面得益于其在节省成本和物流配送系统与供应链管理方面取得的巨大成就。

（二）ABC 公司高效的物流运作模式

1. 建立物流系统

ABC 公司创造了自己的物流系统，建立了全球第一个物流数据处理中心，在全球实现了第一个集团内部24小时计算机物流网络化监控，使采购库存、订货、配送和销售一体化，大大降低了成本，加速了存货周转，从而形成了 ABC 公司的核心竞争力。通过网络监控，各个环节及时了解供需情况，从而减少了时间成本和精力成本，加快了物流的循环。20世纪70年代，ABC 公司建立了管理信息系统（management information system，MIS），这个系统负责处理系统报表，加快了运作速度。20世纪80年代与休斯公司合作发射物流通信卫星。1983年采用了 POS 机。1985年建立了电子数据交换系统（EDI），实现了企业与企业、企业与管理机构之间，利用电子通信来传递数据信息，产生托运单、订单和发票；通过供应商、配送者和客户的信息系统，获取最新的订单、存货和配送状况，使得数据传输的准确性与速度大幅度提高。同时，ABC公司开始进行无纸化作业，所有信息全部在计算机上运作，既节能环保又节约成本。1986年，它又建立了快速反应机制（QR），通过共享信息资源建立一个快速供应体系来实现销售额增长，以达到顾客服务的最大化及库存量、商品缺货、商品风险和减价最小化的目的。

2. 建立配送体系

ABC公司已建立了62个配送中心。整个公司销售商品的85%是由这些配运中心供应的。而其竞争对手只有约50.65%的商品实现了集中配送。其配送中心的基本流程是：供应商将商品送到配送中心后，经过核对采购计划、进行商品检验等程序，分别送到货架的不同位置存放。销售商提出要货计划后，计算机系统将所需商品的存放位置查出来并打印出有商店代号的标签。整包装商品直接由货架送往传送带，零散的商品由工作台人员取出后送到传送带。ABC公司配送流程如图5-1所示。

图5-1　ABC公司配送流程

一般情况下，在商店要货当天，配送中心就可以将商品送出。ABC公司要求其所购买的商品必须带有UPC条形码。从工厂运货回来，卡车将停在配运中心收货处的数十个门口，把货箱放在高速运转的传送带上。在传送过程中经过一系列激光扫描，读取通过激光辨别的条形码，把他们送到目的地，传送带一天输出的货物可达20万箱。对于零散的商品，传送带上有一些信号灯，员工可以根据信号灯的提示来确定商品应该被送往的商店。配送中心的一端是装货平台，可供130辆卡车同时装货；另一端是卸货平台，可同时停放135辆卡车。配送中心24小时不停地运转，平均每天接待装卸货物的卡车超过200辆。ABC公司用一种尽可能大的卡车运送货物，车中的每立方米都被填满，有助于节约成本。

视频
黄商集团流通企业物流运作

第三节
第三方物流运作

一、第三方物流的作用

第三方物流的实质是一种物流服务代理。对第三方物流的消费者来说，第三方物流具有以下作用：

1. 降低物流成本

对于物流消费者来说，由于所有的物流活动均由第三方物流公司来完成，专业的第三方物流公司可以帮助企业降低运作成本。

2. 集中精力，强化主业

企业将非核心物流业务外包给专业的物流公司，自己可以集中精力，强化主业，从而增强企业的核心竞争力。

3. 缩短出货至交货时间

由于整个物流运作均由第三方物流公司设计并组织实施，因此整个物流活动在各个时间节点上更连贯、更顺畅。如运输工具的转换节点、货物存储节点等，从而缩短了出货至交货的时间。

4. 提高车辆使用效率

企业将物流运作外包给第三方物流公司后，几乎所有的运输都由第三方物流公司承担，只有少部分内部运输才需要自己的车辆来完成，这样企业可以减少自有营运车辆，有利于提高车辆的使用效率。

5. 有利于实施品质管理

所有物流活动均由专业的第三方物流公司来完成，因此物流服务质量是能够得到保证的，而且企业可以根据自己的实际需要向专业的第三方物流公司提出质量要求。

6. 节约人力资源

物流运作交给第三方物流公司后，企业不必配备大量的物流人员从事物流管理，只需要配备适量的物流人员进行质量监控即可，从而大大节约了企业的人力资源。

二、第三方物流的特点

第三方物流是通过与第一方物流或第二方物流的合作来为其提供专业化的物流服务，对商品不拥有物权与所有权，同时也不参与商品买卖，而是为客户提供以合同为约束，基础化、系列化、个性化、信息化的物流代理服务。随着信息技术的发展和经济全球化的趋势，越来越多的产品在世界范围内流通，使得物流活动日益庞大和复杂。同时，企业为了参与全球竞争，必须确立自己的核心竞争力，从而将物流活动进行外包，这样就出现了第三方物流。第三方物流起到了加强供应链协同管理、降低物流成本的作用。第三方物流具有以下显著特征：

1. 关系合同化

第三方物流是通过契约形式来规范物流经营者与物流消费者之间的关系。物流经营者根据契约规定的要求，提供多功能乃至全方位的一体化物流服务，并用契约来管理所提供的物流服务活动及其过程。此外，第三方物流发展物流联盟的时候，也是通过契约的形式来明确各个物流联盟成员之间的权责利关系。

2. 服务个性化

首先，不同的物流消费者存在不同的物流服务要求，第三方物流需要根据不同的物流消费者在企业形象、业务流程、产品特征、顾客需求特征、竞争需要等方面的要求，为其提供针对性强的个性化物流服务和增值服务。其次，从事第三方物流服务的物流经营者，也因为市场竞争、物流资源、物流能力的影响需要，形成自己的核心业务，不断去强化所提供的个性化和特色化的物流服务，以增强物流市场的竞争力。

3. 功能专业化

第三方物流所提供的服务是专业化的物流服务。从物流设计、物流运作过程、物流技术设备、物流设施设备到物流管理，必须体现专门化和专业化水平，这既是物流需求方的需要，也是第三方物流自身发展的基本要求。

4. 管理系统化

第三方物流应该具有系统的物流功能。这是第三方物流产生和发展的必备条件，第三方物流只有建立现代管理系统，进行系统化管理，才能满足运行和发展的基本要求。

5. 信息网络化与技术智能化

信息技术是第三方物流发展的基础。在物流服务过程中，信息网络化与技术智能化发展，实现了信息实时共享，促进了科学化的物流管理，极大地提高了物流效率和物流效益。

三、第三方物流运作案例

第三方物流：中外运夺标跨国名企

（一）案例背景

某奶粉企业是世界上生产营养品的大型跨国企业，至今已有过百年的历史。对于快消品企业而言，仓库的商品质量管理要求非常高，而作为至今已有过百年历史的奶粉龙头企业，该企业有着更高的标准和要求。

（二）困难和问题

中外运与某奶粉企业物流合作中存在的困难和问题如下：

1. 仓库要严格按照标准作业程序（SOP）操作

某奶粉企业原供应商仓库不足，需要将多出的货物放置于中外运仓库，但多出的货物仅占不足1/3的库存，并且需要做好安全工作，按照严格的标准作业程序操作准备。

2. 客户要求高，商品质量管理严格

在硬件上，中外运需将仓库进行整改，使之完全符合某奶粉企业的商品质量管理要求。

3. 大量订单需手工录入，系统对接困难

在软件上，仓库有十几份检查表，用以监测库内各项工作的完成情况。前期由于某奶粉企业系统与中外运系统未完成EDI对接，以及客户下单时间具有不确定性，需要系统操作员不分昼夜地手工录入订单，库内操作人员通宵达旦地操作。

（三）物流解决方案与实施

中外运主要采取了以下措施：

（1）完善仓库的密闭性。

（2）防虫害处理。

（3）库内日常检查。

（4）6S检查与改善。

（5）运输预约系统。

（6）提货逾越节点扫描登记。

（7）出库进度电子看板。

中外运对于仓库的十几份日常检查表，配备专门人员对检查结果进行仔细的分类分析，以保证及时处理，做出相应措施。例如，每年的6～7月份是虫害的高发期，中外运针对虫害的特性提前采取了一系列措施，取得了非常好的效果。另外，中外运每周有专门的6S检查小组对仓库进行检查，对发现的问题及时整改。

经过前期的信息维护及不断测试，中外运最终完成了与客户的EDI对接，彻底脱离了手工报表数据。

同时，中外运又在数据库管理（DMS）中开发通过扫描采集提货与装车时间节点，提高节点采集效率，改变之前人工在预约系统手工登记时间节点效率慢的问题，并完成了各出货口、各订单发货、出库计划、到车计划、实时状态、发货进度等信息的可视化。

经过一年的不懈努力，中外运完全达到了客户的要求，并提供了优质的服务。

在某奶粉企业第二年的物流供应商招标中，中外运以战略性价格中标，成为该企业的物流合作商。

（四）实施效果

中外运达到并超越了客户要求，并为客户提供其他增值服务。在中外运与某奶粉企业的合作中，中外运连续五年取得了客户库存准确率100%的成绩，这个"连续"随着中外运与客户的合作不断延续。在与某奶粉企业的紧密合作中，中外运做到的已不仅是达到客户的要求，而且是考虑在客户前面，为其提供更优化的方案，这也是中外运成为某奶粉企业的首选物流供应商的根本原因。

中外运致力于为行业中的高端客户提供专业、优质、全面的第三方仓储及运输服务。为客户创造价值是中外运的物流服务理念，也是物流的最高境界。这对物流从业人员提出了更高的要求。随着云计算、物联网、大数据、人工智能在物流领域的应用，科技链推进创新链，创新链需要人才链，要求物流人发扬工匠精神，勇于技术创新，用物流的进步推动产业进步。

【德技并修】
"三分钟"背后的故事——天津港集装箱码头的技术传承人马成彬

随着一声汽笛长鸣，天津港全球首创传统集装箱码头全流程自动化升级改造项目全面运营。该项目从概念设计到实现全面运营，仅用了不到1年的时间。在运营启动仪式上，技术负责人、公司技术部副经理马成彬代表技术团队用三分钟介绍了集装箱公司自动化2.0项目的实施情况：53名攻关团队成员、172个日日夜夜、12 000余次自动加解锁站测试、22 072千米无人驾驶电动集卡运行。

2008年，刚参加工作的马成彬来到天津港，当了一名电动装卸机械修理工。他很快就沉浸在与机械设备为伍的日子中，认为港口就是实现自己人生价值的舞台。马成彬所在的集装箱公司是中国大陆第一家现代化集装箱专用码头。作为一家1980年成立的"老码头"，其最宝贵的技术经验都藏在一线奋战多年的老技术工人心里。马成彬知道，一定要深入基层一线，只有潜心向前辈们学习，成为一名"好徒弟"，才能学到"真东西"。他每天与14台岸桥、29台场桥，以及百余台流动机械为伴，先后从事过流机管理员、固机管理员等岗位，向有经验的师傅们虚心求教、潜心钻研。在码头前沿经历风吹日晒、严寒酷暑，他在基层一干就是12年。近年来，物联网、云计算、大数据等信息技术手段的迭代更新，深刻改变着马成彬所在的年轻工程师团队的思维模式。面对公司自动化码头升级改造设计之初，技术团队无经验、无资料、无外援的"三无"状况，马成彬和他的团队担当善为、迎难而上，在"推倒—重建—再推倒—再重建"的过程中摸爬滚打，终于通过一连串的技术创新解决了世界性的技术难题。他带领团队率先实现单体集装箱码头全堆场轨道桥自动化升级改造项目，深拓北斗卫星定位、5G通信、远程模拟控制驾驶技术，实现全球最大规模无人驾驶电动集卡车队的规模化运行。马成彬和他的团队开辟了传统集装箱码头全流程自动化升级改造的新模式，取得了多项全球首创性突破，培养了一批优秀的青年技术工程师，为全球港口提供了自动化升级改造的系统性解决方案。

马成彬和他的青年技术攻关团队先后获得天津市青年突击队、青年安全生产示范岗等荣誉称号，马成彬成为集装箱码头的技术传承人。

【问题与思考】

马成彬为什么能从一名电动装卸机械修理工成长为一名集装箱码头的技术传承人？

【内化与提升】

发扬工匠精神和劳动精神，坚持以创新驱动高质量发展，着力把关键核心技术牢牢掌握在自己手里，努力打造世界一流的智慧港口，协同攻关，是他们获得成功的精神力量。

第四节
电子商务物流运作

电子商务、高铁、移动支付已成为我国新的国际名片。电子商务的出现促进了物流的发展，也使物流的内涵更加丰富，同时对物流的发展提出了更高、更新的要求。

电子商务物流的概念可以表述为：在电子商务环境下，物流企业严格按照用户的订货要求，完成商品配送的物流活动，电子商务物流是物流新的表现方式。

一、电子商务物流的特点

电子商务物流具有如下特点：

（一）信息化

电子商务时代，物流信息化是电子商务的必然要求，物流没有信息化就无法与电子商务对接。

（二）自动化

为了扩大物流作业能力，提高劳动生产率，减少物流作业的差错，自动化是电子商务物流的重要发展方向，比如智能机器、自动分拣技术、立体仓库等。

（三）网络化

网络化是电子商务物流的必然要求。电子商务消除了人们的距离阻隔，使人们足不出户就可以购买全世界的产品。我国地域辽阔，电子商务客户分布在东西南北，没有庞大的物流网络，就无法完成客户的货物配送。

（四）智能化

这是物流信息化、自动化的一种高层次应用。为了提高物流现代化水平，物流的智能化已成为电子商务物流发展的一个新趋势。

（五）柔性化

根据消费需求"多品种、小批量、多批次、短周期"的特色，灵活组织和实施物流作业。

二、电子商务物流运作模式

（一）企业自营物流运作模式

企业自营物流运作模式是指电子商务企业自身经营物流业务，建设全资或控股物流子公司，完成企业物流配送业务。这种模式适用于大型电商企业，其代表性企业有京东、腾讯、苏宁等。

企业自营物流运作模式具有许多优点，由于企业掌握了交易的最后环节，有利于掌握对顾客的控制权和提高服务质量，其服务内容的灵活性更强，更易于推进各种新型服务，具有品牌宣传效应、二次营销的作用。这一模式也存在投入大，物流成本较高，覆盖网络的扩张速度有限，物流业务的专业化程度需花费时间积累等缺点。

（二）第三方物流运作模式

第三方物流运作模式（外协/合同物流）是指由供需双方以外的第三方物流企业提供物流服务的业务模式。它以签订合同的方式，将企业部分或全部物流活动委托给专业物流企业来完成。这种模式一般适合于中小型企业，其代表性企业有阿里巴巴等。

这种模式专业化程度更高，有利于整合闲散物流资源，有助于电商企业核心竞争力的培育，降低企业的物流成本，分散企业的经营风险，提升物流行业的整体水平，取得较大的社会效益。但也存在企业对物流服务的可控性弱，新型服务较难实现或推进速度慢等不足。

三、电子商务物流运作模式案例

技术创新：菜鸟物流为什么行

菜鸟物流又叫阿里物流，是阿里巴巴联合众多专业化的第三方物流企业成立的电商物流平台。

1. 菜鸟物流的构成

菜鸟物流包括阿里巴巴、顺丰集团、"三通一达"（中通、圆通、申通、韵达）等15家主流快递公司，数十家仓配合作伙伴，银泰集团百货零售集团等主流连锁企业，以及数以百计的跨境电商合作伙伴等。其目标是打造一个开放的社会化电商物流大平台。这个网络能在24小时内将货物运抵国内任何地区，能支撑日均300亿元（年度约10万亿元）的巨量网络零售额。做到国内24小时送达，全球72小时送达。

2. 菜鸟物流的发展模式

（1）应用互联网、云计算、网络金融等新技术，搭建中国智能骨干物流网，为各类电商企业提供开放的服务平台。通过打造数据驱动的"云供应链"平台，方便在商家后台系统、阿里物流系统、合作伙伴应用系统之间进行复杂的电子商务数据交换与分享，构建一个开放、共享的社会化物流大平台。

（2）通过自建、共建、合作、改造等多种模式，搭建一套适合我国国情的物流网络。在全国范围内，联合社会力量，自建七大仓储中心，打造物流主干网。在城市里，通过社会化协同形成了覆盖主要城市的末端公共服务网络——菜鸟驿站，完成物流配送的最后100米建设，为人们的生活带来快捷和方便。在农村，依托农村淘宝，通过合作伙伴、社会化协同，快速形成覆盖全国的县到村二段物流服务，如落地配、快递、本地物流企业、邮政，实现货通千县万村。菜鸟的服务不局限于国内，通过搭建无缝链接的全球网络，让跨境电商物流无门槛，让国外消费者感受到更高效的中国物流服务。

菜鸟物流的组建方式打破了传统的企业融资创业模式，开启了新的"整合社会资源，集成化构建"企业融资模式。广泛运用了互联网、云计算、网络金融、物联网等新技术，代表了现代物流的发展方向，推动了我国电子商务物流的发展。

第五节
国际物流运作

一、国际物流的概念

如果国内客户购买了国外产品，或者国外客户购买了国内产品，要实现货物的顺利到达，必须有跨越两国国境或关境的运输及所涉及的相关物流服务。这种跨越两个或两个以上的国家（或地区）之间的物流活动就是国际物流。

《物流术语》（GB/T 18354–2021）将国际物流（international logistics）定义为：跨越不同国家（地区）之间的物流活动。

二、国际物流的特点

与国内物流运作相比较，国际物流的不同，主要在于物流活动的地域不同，它比国内物流运作环节更多。因此，国际物流具有以下特点：

1. 物流活动的国际性

因为物流活动涉及两个或两个以上国家，货物在进出这些国家时，要得到所在国家海关的许可放行，也就是说，要分别在货物的进口国、出口国、中转国的海关进行报关，只有得到各国海关的放行，货物才能顺利到达最终目的地。

2. 物流环境的复杂性

国际物流涉及国与国之间的物流活动，而各国文化、语言、风俗习惯、物流技术、运输政策，以及通关政策的差异性，都对物流活动的顺利实施有着重要的影响。

3. 物流系统的广泛性

在国际物流活动中，物流的空间距离和时间距离都比国内物流要长，货物的量也更大，涉及更多运输方式的组合，一般多采用多式联运的方式来完成货物的运输；货物在各国进出关境时需要与各国海关的操作系统相适应，还需要和各个国家的国内物流活动对接，并且与各国国内的运输系统相适应，因此国际物流系统的涉及范围相当广泛。

4. 物流运作的标准性

国际物流的运输多采用多式联运，因此在运输工具的转换方面，对物流设施设备的标准化提出了更高的要求。例如，为方便装卸搬运而对托盘、集装箱等集装设备进行标准化设计，甚至对运输工具等设施设备和技术也提出标准化的要求。物流技术的标准化会使国际物流更有效率。

5. 物流信息的准确性

国际物流信息和国内物流信息一样，贯穿于整个物流活动实施过程中，在物流的有效实施方面起着重要作用，国际物流的复杂性和广泛性，使物流信息在国际物流运作中的准确性显得尤为重要，稍有不慎，就可能导致重大经济损失，甚至引起国际纠纷。所以，在进行国际物流信息处理时，一定要保证物流信息的准确性。

三、国际物流运作案例

委托第三方：雅图服装玩转国际物流

武汉雅图服装进出口公司（简称"雅图"）是中国一家著名的进出口公司，服装很受客户欢迎。最近，公司与德国一家客户ABC公司签订了一份服装销售合同，按照合同要求，武汉雅图服装进出口公司必须在规定时间内，将货物运至德国ABC公司指定的仓库。

遇到的问题和困难有：国内的运输怎么运输；如何办理报检报关；国际运输该找谁承运；进口、出口国的相关政策不清楚等。

物流解决方案如下：

1. 委托第三方完成物流工作

武汉雅图服装进出口公司委托中外运全权代理合同项下的物流工作。

2. 订舱

中外运设计的物流方案是通过中欧班列完成国际运输，向武汉铁路局订舱，订舱成功后进行集货。

3. 集货

中外运利用集卡将集装箱运到武汉雅图服装进出口公司仓库，对货物进行集装。

4. 国内运输

货物集装后，使用物流车辆——集卡将这批服装运至武汉铁路局所在的货运中心，完成国内运输。

5. 出口代理报关

货物到达货运中心后，中外运代表武汉雅图服装进出口公司到海关为其办理服装的出口报检、报关手续。

6. 国际运输

货物清关，海关放行后，武汉铁路货运中心将装有服装的集装箱装上中欧班列，进行国际运输。

7. 办理德国进口报关

中欧班列到达德国口岸后，由中外运的德国代理为这批服装办理德国进口报检、报关手续。

8. 国外运输

货物办理完进口清关，德国海关放行后，中外运海外代理提取货物，将货物运至 ABC 公司指定仓库，完成整个国际物流服务。

9. 收费、归档

最后中外运向武汉雅图服装进出口公司收取国际货运代理费，并将文件归档。

其实施效果是客户满意度高，节约了 20% 的成本，海外影响力提高。

第六节
物流金融运作

一、物流金融的定义

物流金融（logistics finance）是指面向物流业的运营过程，通过应用和开发各种金融产品，有效地组织和调剂物流领域中货币资金的运动。这些货币资金运动包括发生在物流过程中的各种存款、贷款、投资、信托、租赁、抵押、贴现、保险、有价证券发行与交易，以及金融机构办理的各类涉及物流业的中间业务等。

物流金融原本是金融衍生工具的一种，之所以被称为物流金融业务，而不是传统的抵押贷款或质押融资，是因为在其发展过程中，逐渐改变了传统金融贷款过程中银行与贷款双方的责权关系，也完全不同于担保贷款中担保双方承担连带赔偿责任的三方关系，而是越来越借助于第三方物流企业。目前，物流金融主要是核心企业的配套管理和服务，形成了"银行—核心企业—贷款企业"的三方密切合作关系。

二、物流金融的内涵

物流金融是金融机构为降低交易成本和风险，利用物流企业提供的物流信息和物流监管，依据物流供应链而进行的金融活动。

从广义上讲，物流金融是物流企业在供应链业务活动中，运用金融工具有效地组织和调剂物流领域中货币资金，实现物流价值增值的融资活动。

从狭义上讲，物流金融是物流企业在物流业务过程中利用贷款、承兑汇票等多种信用工具为生产商及其下游经销商、上游供应商和最终客户提供集融资、结算、资金汇划、信息查询等于一体的金融产品和服务。

在面向物流企业的运营过程中，金融机构可以利用物流信息，应用、开发各种产品，有效组织和调剂物流领域中货币资金的运动。

三、物流金融的主体

物流金融涉及三个主体，即物流企业、客户和金融机构。物流企业与金融机构联合为资金需求方企业提供融资，这三方对物流金融的开展都有迫切的现实需求。物流金融是物流与金融相结合的概念，它不仅能够提升第三方物流企业的业务能力及效益，而且能为企业融资，提升资本运用的效率。对于金融业务来说，物流金融可以帮助金融机构扩大贷款规模，降低信贷风险。在业务扩展服务上，物流金融还能够协助金融机构处置部分不良资产，管理有限客户，提升质押物的评估效率等。

四、物流金融与供应链金融的特点

（一）物流金融的特点

1. 标准化

所有物流产品的质量和包装标准均以国家标准和协议约定标准为准，由物流企业验收和监管。所有动产质押品按统一、规范、标准的质押程序由第三方物流企业监管，避免动产质押情况下由银行派监管和授信客户自行监管等不规范行为，确保质押的有效性。

2. 信息化

所有质押品的监管都借助物流企业的物流信息管理系统统一进行，从总行到分行、支行的业务管理人员，都可以随时通过物流企业的信息管理系统，检查质押品的品种、数量和价值，获取质押品的实时信息。

3. 远程化

借助物流企业覆盖全国的服务网络，再加上银行系统内部的资金清算网络，动产质押业务既可以在该行所设的分支机构地区开展业务，也可以开展异地业务，并能保证资金的快捷汇划和物流的及时运送。

4. 广泛性

物流金融的服务区域具有广泛性，既可以设在银行所设的分支机构地区，也可以超出该范围开展业务。质押货物品种具有广泛性，可以涵盖物流企业能够管理的所有品种，如各类工业品、生活品、产成品、原产品等。

（二）供应链金融的特点

《物流术语》（GB/T 18354-2021）将供应链金融（supply chain finance）定义为：以核心企业为依托，以企业信用或交易标的为担保，锁定资金用途及还款来源，对供应链各环节参与企业提供融资、结算、资金管理等服务的业务和业态。

1. 参与主体多元化

传统的金融机构、融资企业和物流企业具有自偿性、封闭性和连续性的特点。

自偿性是指还款来源为贸易自身产生的现金流；封闭性是指银行通过设置封闭性贷款操作流程来保证专款专用，借款人无法将其挪为他用；连续性是指同类贸易行为在上下游之间会持续发生。

2. 突破了传统的授信视角

供应链金融的授信是针对供应链整体实现"1+"的授信方式，改变了供应链融资的营销方式。它不再孤立地寻找客户，而是围绕核心企业的供应链寻找客户的资金需求，大大降低了供应链的客户开发成本，增加了企业对银行的依存度。同时，供应链金融改变了对中小企业的授信方式，降低了中小企业的融资门槛。

3. 服务对象

物流金融是面向所有符合准入条件的中小企业，不限规模、种类和地域等；而供应链金融是为供应链中的上下游中小企业及供应链的核心企业提供融资服务。

4. 担保及风险

开展物流金融业务时，中小企业以其自有资源提供担保，融资活动的风险主要由贷款企业产生。

供应链金融的担保以核心企业为主，或由核心企业负连带责任。其风险由核心企业及上下游中小企业产生；供应链中的任何一个环节出现问题，都将影响整个供应链的安全及贷款的顺利归还，因此操作风险较大。但是，金融机构的贷款收益也会因整条供应链的加入而随之增大。

5. 物流金融与供应链金融的作用与合作程度

物流金融的物流企业作为融资活动的主要运作方，为贷款企业提供融资服务；供应链金融是以金融机构为主，物流企业仅作为金融机构的辅助部门提供物流运作服务。

在融资活动中，物流金融一般仅涉及贷款企业所在地的金融机构；而供应链金融则由于上下游企业及核心企业经营和生产的异地化趋势增强，涉及多个金融机构间的业务协作及信息共享，加大了监管难度。

五、物流金融的价值分析

在物流金融模式下，银行依靠物流企业控制货权，以物流与资金流封闭运作的模式对中小企业给予授信支持。在货物运输、仓储、质物监督等方面，物流企业发挥专长，形成互惠互利的物流金融平台，使客户、物流企业、银行三方在合作中实现共赢。

在物流金融中，物流企业真正成为第三方后，逐渐成为关键的枢纽环节。物流企业的存在扩大了银行、P2P平台的服务范围。因此，物流企业的管理、控制和服务水平直接决定了物流金融能否开展以及开展的方式、灵活程度、融资效率、风险管理的核心，体现出物流金融不同于传统金融行业的业务特色。物流金融业务在一定程度上改变了企业的资金运用方式，丰富了广大中小企业的融资模式，成为推动社会经济发展的动力之一。

六、物流金融对企业的意义

1. 帮助中小企业消除资金融通的劣势，提升其信用等级

中小企业由于受其资产有限、生产经营规模小、产品市场变化快、财务信息透明度低等特点的限制，信用等级较低，从而使得银行等金融机构对其存在惜贷心理。融资难已经成为困扰中小企业发展的主要问题。物流金融能够帮助银行等金融机构及时获取中小企业内部的准确信息，并且在这些信息的基础上，对中小企业的盈利能力和还款能力进行科学判断，从而保证资金的安全性和收益性，减少银行和企业间的信息不对称，这也有利于中小企业信用体系的建立，降低中小企业在融资过程中的"逆向选择"和"道德风险"，提高银行对中小企业贷款的积极性。

2. 提高融资企业的资金利用效率

商品在从原材料制造到最终消费者手中的整个供应链过程中，原材料、在制品及产成品占用了大量资金，还存在着大量库存，过多的库存就意味着相应资金成本占用的增加。而企业在发展过程中面临的最大威胁是流动资金不足，特别是对中小企业来说，流动资金堪称企业的生命线。物流金融通过允许融资企业利用运输合同和在市场上经营的商品做质押进行贷款，解决了企业实现规模经营与扩大发展的融资问题，有效激活了沉淀的资金，提高了资金的流转效率，降低了结算风险。

3. 有效降低了企业的物流成本，提高了企业的核心竞争力

由于物流企业有效融入生产企业的原材料供应链和产成品的分销供应链中，能以其专业的物流知识和丰富的物流操作经验，为企业实施物流方案的策划和物流项目的实际运作，根据水、公、铁、空多式联运，提供普通货物、危险品货物的仓储、搬运、装卸、配送、集装箱运输等多种优质的第三方物流服务。这样不仅能有效降低企业的物流成本，而且能使其把有限的资金和精力投入到企业的核心业务，提高企业的核心竞争力。

七、物流金融业务的发展趋势

物流金融业务的发展趋势可归纳为以下几点：

1. 从静态质押监管向动态质押监管发展

所谓静态质押监管是指这批质押后不再变动，一直到质押期结束才放贷。事实上这种静态的情况很少见，很多企业都要不断进行生产，不断采购原料，不断出货和生产。实际上货物处于流动过程，是一种动态变化。传统的基于静态的质押贷款服务已逐渐被动态物流过程中的金融服务所取代。

2. 从物流型客户向生产型客户发展

最初对物流金融有大量需求的客户主要是无足够固定资产以便获得银行贷款的流通型贸易商。随着物流金融的便利性和可操作性大为改观，越来越多的生产型企业开始参与到享受物流金融服务的行业中。

3. 从货物质押向买方信贷发展

这一发展趋势实际上就是物流金融的实施者正从第三方物流发展到第四方物流，也就是过去常说的融通商、保兑商与物流相结合的形式，是贸易商、供应商、监管方、银行四方合作的业务模式。同时，向更多参与者发展的趋势很明显。

4. 从自有仓库向外仓库发展

专业化的运作方式使企业非核心业务的操作流程外包成为主流。

5. 从单一环节向供应链过程发展

由于有了供货者的参与，物流金融服务的提供商对于货物从供应商到客户手中的全过程监管发展比较迅速。

八、物流金融运作案例

物流金融：中外运护航客户资金链

（一）案情介绍与困难、问题

LS轮胎公司是中外运的一个重要客户，主营轮胎业务。轮胎采购款占用了企业的大量资金，同时账面上还有数额巨大的轮胎存货，存货占有资金的情况也非常严重，由于企业经营扩张，流动资金吃紧，LS轮胎公司想到了贷款，但仅凭现有的规模很难从银行获得融资，而公司又缺乏传统意义上的房地产作为担保，融资较为困难，商机稍纵即逝，资金链制约了企业的发展。上述这种状况普遍存在于中国各地的中小企业中，对于这样的问题，物流金融可以轻易解决。LS轮胎公司在中外运的帮助下，采用物流金融的方法使公司出现了转机，快速解决了资金链的问题。

（二）中外运公司的解决方案与操作过程

（1）根据轮胎企业的资金需求和存货问题，引入中外运物流公司作为质押物监管方，为LS轮胎公司打开了一条通往银行的快速融资通道。

（2）针对存货，核定货值，采用货物质押方式解决存货问题。将LS轮胎存货作为质押物向招商银行取得融资，委托符合招商银行准入条件的中外运物流公司进行监管（仓储）。招商银行根据融资金额和质押率，确定由中外运物流公司监管的最低价值，超过最低价值以上的存货由中外运自行控制替换货，以下部分由LS轮胎公司追加保证金或用新的货物赎货。同时，中外运物流公司负责轮胎质押的全程监控，而被监控的轮胎正是向招商银行贷款的质押物，这就解决了采购款的资金问题。

（三）运作效果

1. 中外运

对于中外运物流公司来说，一项业务可以获得两份收入：一是常规的物流服务费，二是物流监管费。更为重要的是通过物流金融服务稳定了客户关系。

2. 融资企业

对LS轮胎公司来说，其好处显而易见，通过中外运物流公司解决了资金链问题，经营规模得到扩张。

3. 银行

对银行来说，扩充了投资渠道，并且资金风险大大降低。

第七节
冷链物流运作

一、冷链物流的概念

《物流术语》（GB/T 18354–2021）对冷链（cold-chain）定义为：根据物品特性，从生产到消费的过程中使物品始终处于保持其品质所需温度环境的物流技术与组织系统。

冷链物流（cold-chain logistics）指冷藏冷冻类食品在从生产、储存、运输、销售到消费前的各个环节中，始终处于规定的低温环境下，以保证食品质量，减少食品损耗的一项系统工程。它是随着科学技术的进步、制冷技术的发展而建立起来的，是以冷冻工艺学为基础、以制冷技术为手段的低温物流过程。近年来，我国农产品冷链物流业发展迅速，有关冷链物流的宏观政策陆续出台。冷链物流的要求比较高，相应管理和资金方面的投入也比普通常温物流要大得多。

二、冷链物流的特点

冷链物流具有如下鲜明特征：

（一）适用范围广

冷链物流的适用范围包括：

（1）初级农产品，包括蔬菜、水果、肉、禽、蛋、水产品、花卉产品。

（2）加工食品，包括速冻食品、冰激凌和奶制品、巧克力、快餐原料。

（3）特殊商品，包括药品等其他品类。

（二）建设投资大

冷链物流系统庞大复杂，比一般常温物流系统的要求更高、更复杂，建设投资也要大很多，是一个庞大的系统工程。

（三）时效性强

冷链物流要求各环节具有更高的组织协调性，易腐食品的时效性要求冷链系统中的各个环节都具有更高的组织协调性，所以食品冷链的运作始终和能耗成本相关联，有效控制运作成本与食品冷链的发展密切相关。

（四）高成本性

为了确保生鲜果蔬、药品等产品在流通各环节中始终处于规定的低温条件下，必须安装温控设备，使用冷藏车或低温仓库，采用先进的信息系统等。相比其他物流系统成本，冷链物流成本要更高。

三、冷链物流运作案例

冷链纾困：中外运助力ABC公司全球化战略

（一）案情介绍

ABC公司是一家主要面向国际著名快餐连锁企业供应薯条的食品生产加工企业。农作物本身的生长情况、当地客户的淡旺季营销策略，以及行业前景发展等，都会影响企业的经营计划。如何才能确保满足大客户的需求，怎样才能减轻其自身的运营成本和生产压力，如何才能第一时间洞悉市场变化，做出正确而有效的决策，都不是企业可以通过自身单一的手段能轻松面对的。因此，寻求优秀的合作伙伴是解决这些难题的关键。

（二）客户面临的困难与问题

对客户而言，既不能采取独家合作方式"把所有鸡蛋放在一个篮子里"，又不能事无巨细地亲力亲为。一家可以提供供应链整体解决方案的综合型企业，就是为了平衡产品品质、交付条件、库存周转和产销成本等供应链管理问题而存在的。

冷链产品的核心问题是温控，每个分销商都有其规定，比如产品运送的具体方式和接收条件。其中包括客户及其分销商对于外包装的其他要求，以及将交付产品按照要求在指定时间送达指定地点。不仅如此，一些下游分销商还需要客户协助将分拨到的货物，配送到具体的经营门店。

一方面，基于中国基地的生产现状，产品计划不足以满足日益扩大的客户群和多元化的消费需求；另一方面，一些高端酒店、餐厅类客户本身对于马铃薯类产品有特殊的规格和工艺标准。相对于那些超大型订单来说，小批量定制化生产不是主要定位，所以直接向海外供应商采购，再向中国进口不失为一个明智选择。客户只有将自己从烦冗的环节转换中解脱出来，才能更专注于产品生产与市场拓展。

所以，客户需要的是管家式的专业服务，物流企业不仅能够提供一整套供应链解决方案，而且可以高效配合其不同分销商的个性需求，完成复杂的储运分拨工作。

（三）中外运的冷链物流解决方案与实施

中外运提供的冷链物流解决方案涵盖了仓储、运输及其配套服务的所有内容，完成了一个全球范围内、不间断的冷冻冷藏供应链。

1. 发挥网络优势

依靠集团公司在全球范围的成熟网络，将客户分布在美洲、欧洲和亚洲的产品送到指定港口，再由企业的海运团队送到中国。这一系列清关报检工作均由中外运代为完成。这些进口产品会在第一时间根据要求送往ABC公司在华南和华北的大仓，而中外运本身又承担着华东总仓的角色。

2. 冷链运输

中外运的运输部门将ABC公司在中国基地生产完成的产品源源不断地从工厂通过公路、海路运送到各分拨中心，一些内陆地区则直接采用铁路方式，迅速完成分拨前的转移任务。

3. 市内配送

国际段和境内的中长途运输反映了中外运对于庞大网络的掌控和多式联运的熟练运用，仓储管理和城际市内配送则是中外运精细化、定制化操作的灵活体现。所有产品从入库开始便会根据不同的生产批次、有效期或生产日期等进行统一管理，客户可以通过网络直接查询到其实时的库存情况和订单处理进度。所以，在接到出库要求时，尤其是一些配送时间有严格限制的分销单位，中外运能够制订出合理的备货装车计划，第一时间到达配送中心，并完成卸货工作。

4. 旺季处理方案

当销售旺季来临导致仓库爆仓时，中外运没有墨守成规，而是果断地与其仓管部门取得沟通，通过每天查询其系统的产品实际在库量，直接派送可以达到安全库存水平的最小货量，这样在保证其正常经营的前提下，不会对ABC公司的仓库运作造成额外压力，也进一步节约了运输成本。

5. 货物追踪

为了保障双方的利益，中外运有一套完整的追踪记录机制，包括船期查询、GPS定位记录、货物库内和车内的温度记录等。客户不但可以同步了解产品流转的进度和状态，也能对已完成的订单进行归纳总结。另外，中外运定期发送货物分析报告，进行回访调查等，为双方供应链管理的优化提供了客观依据。利用各自优势，中外运整合并共享双方领域中的信息资源，达到了双赢的局面。通过长期的深入合作，原有的运营规模和服务内容都有了长足的发展和壮大。

（四）实施效果

中外运关注服务品质，为客户提供个性化、多样化、专业化的优质储运服务，为企业在市场上的优良形象奠定了基础。永远以客户的需求为导向，并以此推动相关业务的开展。通过合作客户还得到了如下利益：

（1）通过多式联运优化供应链管控；

（2）通过定制化服务改善客户体验；

（3）通过电子记录优化现有产品管理；

（4）通过灵活的储运调拨降低成本；

（5）通过信息共享拓展新的业务群。

物流企业利用先进技术对物流运作进行过程监控，不仅可以提高客户体验，降低成本，还可以为企业统筹安全与发展提供了范例。

微课
麦当劳冷链物
流外包战略

【降本增效】

统筹安全与发展——无人机巡查天津港安全生产

天津港深入贯彻落实习近平总书记关于安全生产工作的要求，深刻反思"8·12"特别重大火灾爆炸事故的教训，警钟长鸣，知耻后勇，始终坚持人民至上、生命至上，把安全生产工作摆在更加突出的位置，统筹安全和发展，利用无人机进行安全巡查。提升现场的安全生产管理手段。除了日常巡检外，还可以实现以下工作场景：

场景一，通过无人机的高清视频回传，后方检查人员对现场作业区域内的机械配备、工具使用、人员站位、货物码放、车辆组织等情况进行逐项检查，违章操作无处遁形。

场景二，无人机可对集装箱场桥外部钢结构、相关机构以安全路线进行飞行拍摄，地面机械工程师通过大屏幕对这些部位进行诊断，及时发现设备隐患。

场景三，无人机搭载高清相机，对裸露地进行常态巡检，按照设定路线巡回飞行。比起人工驾车巡查，既节省了时间，又做到了全覆盖、无死角。

天津港持续强化安全意识，通过"管理+技术"的手段，不断加强生产作业现场的安全管控能力建设，助力世界一流绿色港口建设，切实保障人民群众的生命和财产安全。

【问题与思考】

无人机巡查天津港安全生产是降本增效的举措吗？为什么能助力天津港建设世界一流的绿色港口？

【内化与提升】

安全发展是企业发展的根本前提和基础。2015年发生的天津港"8·12"特别重大火灾爆炸事故，造成了重大人员伤亡和财产损失，付出了沉重代价，教训极为沉痛、极为深刻。必须始终绷紧安全生产这根弦，时刻保持高度警觉。坚持"隐患就是事故、事故就要处理"，坚持严字当头，深入开展危化品安全隐患大起底、大排查、大整治，坚决消除安全隐患，确保隐患问题整改到位。要落实企业安全生产主体责任，对安全问题零容忍。同时，利用科技手段从源头治理抓起，从细处抓好，从短板补起，加强应急管理信息化建设，完善预防控制体系，坚决筑牢防线，守住安全生产底线。

【同步测试】

一、单项选择题

1. 天津港物流运作安全事故发生在（　　　）物流活动中。
   A. 仓储　　　　　　B. 包装　　　　　　C. 配送　　　　　　D. 运输
2. 从生产物流管理的角度看，建筑工程与安装工程属于（　　　）。
   A. 项目型生产过程　　　　　　　　B. 单件小批量型生产过程
   C. 多品种小批量型生产过程　　　　D. 单一品种大批量型生产过程
3. 企业物流的内容包括采购与供应物流、生产物流、（　　　）、废弃物与回收物流。
   A. 销售物流　　　　　　　　　　　B. 宏观物流
   C. 中观物流　　　　　　　　　　　D. 微观物流
4. 下列属于物流金融的特点的是（　　　）。
   A. 标准化　　　　　　　　　　　　B. 信息化
   C. 远程化　　　　　　　　　　　　D. 以上都是
5. 下列不属于冷链物流适用范围的有（　　　）。
   A. 蔬菜、水果　　　　　　　　　　B. 肉、禽、蛋
   C. 水产品、花卉产品　　　　　　　D. 日化品

二、多项选择题

1. 第三方物流的特征包括（　　　　　）。
   A. 关系合同化　　　　　　　　　　B. 服务个性化
   C. 功能专业化　　　　　　　　　　D. 管理系统化
2. 下列属于电子商务自营物流运作模式的是（　　　　　）。
   A. 阿里巴巴　　　　　　　　　　　B. 京东
   C. 腾讯　　　　　　　　　　　　　D. 苏宁

3. 下列属于国际物流的特点的是（　　　　）。
   A. 物流活动的国际性　　　　　　B. 物流环境的复杂性
   C. 物流系统的广泛性　　　　　　D. 物流运作的标准性
4. 物流金融涉及的3个主体包括（　　　　）。
   A. 物流企业　　　　　　　　　　B. 客户
   C. 金融机构　　　　　　　　　　D. 政府
5. 下列属于冷链物流特点的是（　　　　）。
   A. 适用范围广　　　　　　　　　B. 建设投资大
   C. 时效性强　　　　　　　　　　D. 高成本性

三、判断题

1. 从购进原材料入库时起，到产品进入成品库为止的期间内发生的所有物流活动都属于生产物流的范畴。（　　　）
2. 采购物流不属于流通企业的物流形式。（　　　）
3. 3PL是第三方物流的英文简写。（　　　）
4. 供应链金融为供应链中的上下游中小企业及供应链的核心企业提供融资服务。（　　　）
5. 快餐原料物流不属于冷链物流范围。（　　　）

【综合实训】

实训项目： 物流运作报告撰写。

实训目标： 训练学习者对物流运作的表达能力。

实训资料： 结合学习小组对物流业态的跟踪了解，撰写1份1000字左右的物流运作报告。

实训要求：

（1）提供一个真实案例。

（2）具有一定的故事情节。

（3）能体现出一定的物流运作知识。

（4）具有较好的文字功底。

实训指导：

（1）查找与物流相关的门户网站，如中国物流与采购联合会网站，了解相关物流活动。

（2）以小组为单位探讨物流运作与安全的关联。

（3）结合小组物流认知，撰写物流运作报告，并予以成果展示。

实训评价：

实训评价表

班级：   姓名：   学号：

学习情景：物流运作报告撰写

评价项目		评价标准	分值	得分
考勤（10%）		没有无故迟到、早退、旷课的现象	10	
工作过程（60%）	案例真实	能编写完整的物流运作案例	10	
	故事情节	有与物流运作概念相对应的故事情节	5	
	物流知识	有与案例相对应的物流运作知识	10	
	文字功底	语句通顺	5	
	工作态度	工作态度端正、认真、主动	10	
	沟通协调能力	能与团队成员合作交流、协调工作	10	
	职业素养	具有服务意识、成本意识、系统观念	10	
项目成果（30%）	工作完整		5	
	工作规范		10	
	案例报告		10	
	成果展示		5	
合计			100	

06
Chapter

第六章

物流服务与物流成本管理

知识目标

- 掌握物流服务的概念
- 掌握物流成本的概念
- 掌握物流服务与物流成本的权衡
- 掌握物流绩效的目标

技能目标

- 能够查阅相关物流绩效文件
- 能够举例说明什么是物流绩效
- 能够解释物流服务应具备的理念

素养目标

- 牢固树立服务意识，培养物流人的职业素养
- 具备成本意识，培养物流人的社会责任感
- 坚定以人民为中心，具备物流人的大局观

● **思维导图**

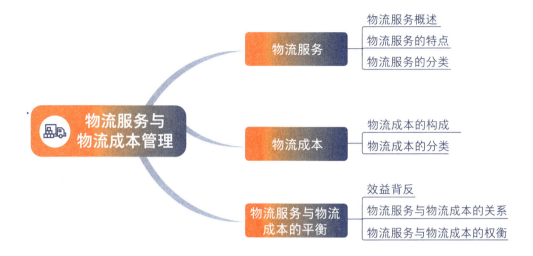

物流服务与物流成本管理
- 物流服务
  - 物流服务概述
  - 物流服务的特点
  - 物流服务的分类
- 物流成本
  - 物流成本的构成
  - 物流成本的分类
- 物流服务与物流成本的平衡
  - 效益背反
  - 物流服务与物流成本的关系
  - 物流服务与物流成本的权衡

【引导案例】
吉布提的疫苗物流问题

2021年2月2日，招商局集团的吉布提项目收到吉布提港口与自贸区管理局的通知，吉布提政府拟通过外交渠道向中国政府采购一批新冠肺炎疫苗。经我国外交部批准后，吉布提政府采购该批疫苗为北京科兴生物制品有限公司生产的。同时，中国政府向吉布提政府另行捐赠了一批新冠肺炎疫苗。中国外运股份有限公司（简称"中外运"）作为物流服务商，为本次疫苗运输提供了端到端的全链路物流支持。

案例思考：

1. 什么是物流服务？

2. 国有物流企业有什么社会责任，中外运能否担此重任？

案例分析：

吉布提的疫苗物流问题反映的是一个全链路物流服务问题。2020年面对新冠肺炎疫情冲击，中外运作为"物流国家队"逆行出征，有力履行了"国家所需、招商所能、外运必达"的使命，体现了企业的社会责任感。

中外运圆满完成了疫苗运输的全链路物流服务，体现出中国在全球性灾难面前应有的大国责任和担当。

第一节
物流服务

一、物流服务概述

微课
物流服务的
概念

《物流术语》（GB/T 18354–2021）对物流服务（logistics service）的定义是：为满足客户物流需求所实施的一系列物流活动过程及其产生的结果。物流活动包括物流过程中的运输、储存、装卸、搬运、包装、流通加工与信息处理等。

客户需求就是客户对难点、困难、不满的陈述和描述。对待客户需求要学会换位思考，像客户一样感知、看待、使用、思考。

简单来说，物流服务是从接收顾客订单开始到将商品送到顾客手中为止所发生的所有服务活动。可使交易的商品或服务实现增值。其本质是更好地满足顾客需求，即保证顾客需要的商品在顾客要求的时间内准时送达，服务能达到顾客所要求的水平等。

物流的本质是服务，它本身并不创造商品的形质效用，而是产生商品的空间价值和时间价值。物流服务就是企业为满足客户的物流需求，为向客户提供货物而在时间和空间上的间隔中进行的一系列物流活动。

物流服务的构成要素如图6–1所示。

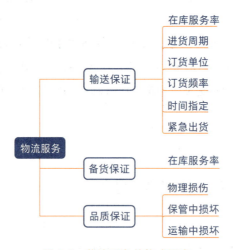

图6-1 物流服务的构成要素

物流服务的内容是满足客户需求和保障供给，而且服务无论是在数量上还是质量上都要使客户满意。在数量上客户的需求主要表现在适量性、多批次和广泛性（场所分散）；在质量上满足客户需求主要表现为安全、准确、迅速和经济等。根据《物流术语》（GB/T 18354–2021），物流服务质量（logistics service quality）

是指用精度、时间、费用、顾客满意度等来表示的物流服务品质。现代物流对于服务的要求可以用7R（7个"合适"）来表示，即将合适的产品（right product），以合适的质量（right quality）、合适的数量（right quantity）、合适的价格（right price），在合适的时间（right time），送达合适的地点（right place），交给合适的收货人（right receiver）。具体来说，物流服务的基本内容包括运输、配送、仓储、装卸、搬运、包装、流通加工，以及与之相联系的物流信息服务等。

物流企业要在物流服务市场的激烈竞争中取得优势，就必须以客户为中心，充分发挥自身优势，在运输、仓储、配送等功能性服务的基础上，不断创新服务内容，为客户提供差异化、个性化、定制化的物流服务。

二、物流服务的特点

物流服务具有如下鲜明特点：

（一）结构性

首先，物流服务是由多种物流资源和多种物流功能要素通过合理配置形成的，必然反映出结构性要求；其次，企业生产经营发展导致物流需求呈现多元化、综合化趋势，与之相适应的物流服务也就会体现出结构性变化。提升物流服务水平就需要重视物流服务的结构性。

（二）差异性

不同的物流系统提供的服务不可能完全相同，同一个物流系统也不可能始终如一地提供完全相同的服务。物流服务表现出差异性，主要受企业物流系统提供能力和服务方式的影响，同时受到客户参与物流服务过程、对服务不同评价和认识的影响。当然，物流需求的个性化和独特化发展需要有个性化、柔性化的物流服务。

（三）增值性

物流服务能够创造出时间价值和空间价值，通过节省成本费用为供应链提供增值，表现出明显的增值性。物流服务的增值性直接体现了物流服务作为价值创造活动的成果；同时反映了物流服务对企业生产经营过程中产品和服务价值的增值作用。在现代经济发展过程中，物流服务的增值性引起了人们的广泛重视。

（四）网络性

任何物流服务都依赖于经营者和消费者的互相协作和共同努力。在物流资源和物流功能要素组合中，现代网络理念和网络技术促进了物流服务的网络化发展。物流服务的网络性不仅表现在企业物流组织的网络化和企业物流服务技术的网络化，而且表现在物流服务需求的网络化。

（五）从属性

由于货主企业的物流需求是以商流为基础，伴随商流而发生的，因此物流服务必须从属于货主企业的物流系统。物流服务的从属性表现为流通货物的种类、流通时间、流通方式、提货及配送方式都是由货主决定的，物流企业只是按照货主的需求，提供相应的物流服务。

（六）即时性

物流服务是属于非物质形态的劳务，它产生的不是有形商品，而是一种伴随销售和消费发生的即时服务。

（七）移动性和分散性

物流服务分布广泛，大多数服务是以不固定的客户为对象的，所以物流服务具有移动性，且服务点多、面广、线长、分散。物流服务的移动性和分散性会使产业局部的供需不平衡，也会给经营管理带来一定的难度。

（八）需求波动性

由于物流服务是以数量多而又不固定的客户为对象的，因此客户需求在方式上和数量上都是多变的，具有较强的波动性，易造成供需失衡，这是企业在经营上劳动效率低、费用高的重要原因。

（九）可替代性

物流服务的可替代性主要表现在两个方面。一方面，从物流活动承担主体的角度看，物流服务的可替代性产生于工商企业生产经营的物流需求，既可以由工商企业自身采用自营运输、自营保管等自营物流的形式来完成，也可以委托给专业的物流服务供应商，即采用社会化物流方式来完成。因此，对于专业物流企业而言，不仅有来自行业内部的竞争，也有来自货主企业的竞争。如果物流行业整体水平难以满足货主企业的需求，则意味着物流企业会失去一部分市场。反之，在物流行业的服务水准难以达到货主需求的情况下，货主企业就会以自营物流的形式代替物流企业的服务，物流企业市场空间的扩展就会面临困难。另一方面，从物流企业提供的服务品种角度看，由于存在着公路、水运、铁路、航空等多种运输方式，货主可以在对服务成本和质量等各种相关因素权衡之后，自主选择运输形式。因此，物流企业的可替代性不仅来自同业种的不同企业，而且来自不同业种的其他企业。

物流服务的可替代性对于货主企业来说，增加了物流实现形式选择的灵活性，但对物流企业、特别是运输企业来说，则增加了经营难度。

（十）差异性

差异性是指物流服务的构成成分及其质量水平经常变化，很难统一界定。物流企业提供的服务不可能完全相同，物流企业难以制定和执行服务质量标准，难以保证服务质量。

（十一）不稳定性

物流服务的不稳定性是服务区别于有形产品的基本特征之一，是影响服务质量和客户满意度的重要因素。物流服务的不稳定性是在服务传递过程中发生的。物流管理者不可能消除这种属性，只能在客户和服务提供者之间寻求一定的平衡。这是管理物流服务不稳定性的一个根本点。

三、物流服务的分类

（一）基本物流服务

1. 基本物流服务的概念

基本物流服务是指常规物流服务，是许多物流服务商都能提供的基础服务，包括运输、仓储、装卸、搬运、流通加工、配送、信息处理等基本服务。如果涉及国际物流业务，还包括订舱、代为办理进出口报关报检、码头作业等服务。

2. 基本物流服务能力

基本物流服务能力包括以下几个方面：

（1）可得性。可得性是指当顾客需要存货时所拥有的库存能力。可得性可用缺货频率、供应比率和订单完成率等物流绩效指标来衡量。

（2）作业完成。作业完成可以通过速度、一致性、灵活性、故障与恢复等来衡量。

速度是指从一开始订货到货物实际运抵的时间。一致性是指企业物流服务过程中能够按时配送的能力。灵活性是指处理异常客户服务需求的能力。故障与恢复是指企业有能力预测服务过程中可能发生的故障或服务中断，并有适当的应急预案来完成恢复任务。

（3）可靠性。物流质量与物流服务的可靠性密切相关。物流质量中最基本的问题就是如何实现已计划的存货可得性和作业完成能力。

（二）物流增值服务

《物流术语》（GB/T 18354–2021）将物流增值服务（logistics value-added service）定义为：在完成物流基本功能的基础上，根据客户需求提供的各种延伸业务活动。

物流增值服务的内容包括：增加便利性的服务；加快反应速度的服务；降低成本的服务；延伸服务。

物流增值服务主要包括如下类型：

1. 一般附加增值服务

一般附加增值服务包括：

（1）订单处理，包括订单的收取或记录、货物的查询、订单的确认、发货通知、缺货处理等。

（2）货物验收。

（3）货物的再包装与简单的流通加工。

（4）代办货物保险与代办通关。

（5）安装调试与代收货款。

（6）货物回收与替换等。

2. 高级物流增值服务

高级物流增值服务包括：

（1）库存分析与控制。

（2）销售预测。

（3）建立分销中心，指利用物流企业自身的优势，建立产品分销中心。

（4）供应链设计和管理，指经销渠道、采购渠道的设计，供应商和经销商的协调与管理建议。

（5）物流系统规划。

（6）物流成本核算分析等。

增值服务是针对特定客户或特定物流活动，在基本服务基础上提供的定制化服务。竞争不断加剧的市场环境不仅要求物流企业在传统的运输和仓储服务上有更好的服务质量，而且要求它们关注客户需求，拓展物流业务，提供尽可能多的增值服务，履行企业的社会责任。

【社会担当】
肩负国企责任，助力全球抗疫

中外运是招商局集团控股的二级子公司和物流业务的统一运营平台，是中国最大的综合物流整合商和国家5A级综合物流企业，服务网络覆盖全国，遍及全球主要经济带。中外运的目标是打造世界一流的智慧物流平台企业。中外运是中国领先的综合物流服务提供商和整合商，秉承"运万物、连世界、创生态，以物流成功推动产业进步"的企业使命，凭借完善的服务网络、丰富的物流资源、强大的专业物流能力与领先的供应链物流模式，为客户提供定制化的专业物流解决方案和一体化的全程供应链物流服务。

积极履行社会责任是企业良好的基本质素，企业在其战略引领下，将履行社会责任与企业发展战略有效对接，推动社会责任融入企业生产经营各个方面。

中外运接到吉布提疫苗海外运输任务后，为了确保疫苗安全运输，中外运立即组织旗下的中外运海外发展有限公司、中外运跨境电商物流有限公司、中外运吉布提运输与船代有限公司组成联合运输工作组，充分利用海内外网络优势和跨境电商业务优势，提供了从首都机场货站接货、北京出口报关、出口操作、国际空运、吉布提清关、接货安检等全程物流运输服务，并对货物收运、仓储、组装、装卸等进行了全流程监控保障。在春节期间，中外运与相关方进行了充分的沟通准备，确定了疫苗运输方案。该批疫苗于北京时间2021年3月11日从首都机场仓库入库，2021年3月13日从北京起飞后中转停留了90个小时，于吉布提时间2021年3月18日上午抵达吉布提安布利国际机场后运送至East Africa Holding冷库。

此前中方援助的配套注射器由中外运于3月15日先期抵运。这是中外运继运送10万剂新冠肺炎疫苗至澳门后，承接的第二批疫苗运输任务。此前中外运旗下的中外运冷链物流有限公司已被交通运输部列为第一批新冠肺炎疫苗货物道路运输重点联系企业，中外运现代物流公司也被列为交通运输部疫苗运输保障工作组专家委员会成员。中外运以全链路的服务能力、全网络的集成能力、全场景的连接能力、公共性的聚合能力持续保障供应链的安全稳定，助力全球抗疫。

疫苗运抵后，吉布提外交部长优素福、卫生部部长迪里耶和中国驻吉布提大使卓瑞生等人，共同在机场迎接。优素福和迪里耶分别致辞，他们代表吉布提总统盖莱、吉布提政府和民众，衷心感谢中国政府和人民。在吉布提抗疫最艰难的时刻，中方率先驰援，并在吉布提提出疫苗需求后迅速做出回应，给予吉布提宝贵的支持。中国疫苗的到来极大助力了吉布提全民疫苗接种计划的顺利进行，进一步增强了吉布提抗击疫情的能力。

第二节
物流成本

《物流术语》（GB/T 18354–2021）将物流成本（logistics cost）定义为：物流活动中所消耗的物化劳动和活劳动的货币表现。在包装、装卸、运输、存储、加工、配送和物流信息等物流各环节所支出的各种人力、物力、财力的总和即为物流成本。

微课
物流成本的
概念

一、物流成本的构成

物流成本按企业所处领域的不同，可以分为流通企业物流成本和生产企业物流成本。

（一）流通企业物流成本

1. 流通企业物流成本的构成

流通企业物流成本的构成因素如下：

（1）人工费用，如企业员工工资、奖金、津贴、福利费等。

（2）营业费用，如运杂费、能源消耗费用、设施设备折旧费、保险费、办公费、差旅费，以及物流经营过程中的合理消耗（如商品损耗）等。

（3）财务费用，如支付的贷款利息、手续费、资金占用费等。

（4）管理费用，如行政办公费、差旅费、税金等。

（5）物流信息费，如硬件、软件费和系统维护费等。

2. 流通企业物流成本的分类

流通企业物流成本按成本发生的流转环节不同，可分为进货成本、商品储存成本和销售成本。

（1）进货成本。进货成本是指商品从供货企业到流通企业仓库所发生的运输费、装卸费、损耗费、包装费、入库验收费和支付给中转单位的成本费用等。

（2）商品储存成本。商品储存成本是指流通企业在商品保管过程中所支出的转库搬运、检验、挑选整理、维护保养、管理包装等方面的成本及商品的损耗费。

（3）销售成本。销售成本是指流通企业从商品出库到实现销售过程中所发生的包装费、手续费和管理费等。

（二）生产企业物流成本

生产企业物流成本的构成因素如下：

（1）人工费用，指企业物流人员的工资、奖金、津贴、福利费用等。

（2）采购费用，如运输费、保险费、合理损耗、采购人员的差旅费等。

（3）仓库保管费，如仓库的维护保养费和搬运费等。

（4）营业费用，指物流活动中的能源与材料消耗费、办公费、差旅费、保险费、劳动保护费等。

（5）设备维护折旧费，指各种物流设施设备的维护和折旧费、仓库的折旧费等。

（6）产品销售费用，指产品销售过程中所发生的物流费用，如货物的运输费、保险费、搬运费、装卸费、仓储费、配送费等。

（7）物流信息费，如物流硬件费用、软件费用、维护费用等。

（8）财务费用，指物流活动中的贷款利息、手续费、资金占用费等。

二、物流成本的分类

（一）按物流活动构成分类

按物流活动构成不同，物流成本可分为物流环节费、信息流通费、物流管理费。物流环节费是指货品在空间位置转移过程中所发生的成本，如运输费、包装费等。信息流通费是指为实现货品的价值交换，处理物流信息发生的成本，如库存管理、订货处理、客户服务入网费、线路租用费等。物流管理费是指为组织、计划、控制、调配物资而发生的各种管理费，如现场物流管理费和机构物流管理费等。

（二）按物流活动过程分类

按物流活动过程不同，物流成本可分为物流筹备费、供应物流费、生产物流费、销售物流费、退货物流费、废品物流费。

（三）按支出形式分类

按支出形式不同，物流成本可分为本企业支付的物流成本（即直接物流成本）和支付给其他物流组织的物流成本（即委托物流成本）。

（四）按物流成本性态分类

按物流成本性态不同，物流成本可划分为固定成本与变动成本。

（五）按物流成本的可控性分类

按物流成本的可控性不同，物流成本可分为可控成本和不可控成本。

（六）按物流成本的核算目标分类

按物流成本的核算目标不同，物流成本可分为业务成本、责任成本和质量成本。

（七）按物流成本的相关性分类

物流成本的相关性是指成本的发生与特定决策方案是否有关的性质。按成本的相关性不同，物流成本可分为相关成本和无关成本。

（八）按物流成本计算方法分类

按物流成本计算方法不同，物流成本可分为实际成本和标准成本。

供应链上的成本最低，是物流管理追求的目标，也是物流服务与物流成本权衡的关键。在企业成本决策过程中，要正确处理好企业与国家、整体与局部的关系。

【德技并修】
心怀国之大者——抗疫路上，与时间赛跑的外运人

"国之大者"是习近平总书记2020年4月在陕西考察时提出来的。此后，"国之大者"成为"高频词"。心怀"国之大者"就是要有大局观。"多打大算盘、算大

账，少打小算盘、算小账。"心怀"国之大者"，就是要自觉讲政治，不断提高政治判断力、政治领悟力、政治执行力。心怀"国之大者"，就是要强化责任担当，不折不扣地落实中共中央的决策部署和政策措施。

新冠肺炎疫情期间，中外运人心怀"国之大者"，与时间赛跑。为保证运输线不断链，作为骨干央企招商局集团旗下统一的物流品牌和物流运营平台，中外运快速响应号召，高效协调运输，力保通往疫区的"输血管"畅通无阻。为了保障全国各地驰援武汉等地的防疫救援物资及时抵达疫区，支援疫情防控工作。承办"灾急送"应急物流平台，免费为全国范围内支援湖北的疫情防控物资提供应急运输和仓储支持。依托广泛的物流网点、专业的应急物流配送能力、精锐的灾害应急物流队伍，逆行出征，与时间赛跑，全力支援疫情防控工作。国内网点全面发力，力保疫区物流畅通；海外通道发挥优势，多方筹集医疗用品。

在国内，从2020年1月23日开始，中外运为西门子、GE、飞利浦、联影、东软等多家医疗器械生产厂商提供疫情支援运输服务及物流解决方案，陆续将CT、呼吸机等疫区急需医疗设备运送至武汉前线医院；并紧急协调卡车资源参与火神山医院的建设工作。2020年1月25日，中外运旗下的企业接到来自客户捐助火神山医院所需的网络通信与信息安全产品设备任务，在24小时内完成了135件产品设备的调集发货。2020年1月26日，中外运物流公司成为招商局集团"灾急送"应急物流平台的承运商，依托广泛的物流网点、专业的应急物流配送能力、精锐的灾害应急物流志愿者队伍，全力支援疫情防控工作。

在海外，中外运充分发挥跨境电商的通道优势，利用欧洲列日直飞杭州航班业务，对境外捐往武汉的物资提供无偿服务，包括欧洲LGG仓库无偿使用、列日—杭州直飞航班、一日达免费运输、杭州口岸地区无偿清关派送等。同时，中外运跨境电商物流有限公司通过各种渠道搜集医用物资。截至2020年1月26日16：00，马来西亚公司共采购N95口罩36箱、普通医用口罩17箱34 000只，以及其他防护用品若干。

"灾急送应急物流志愿服务队"被评为"全国抗击新冠肺炎疫情先进集体"。

第三节
物流服务与物流成本的平衡

一、效益背反

"效益背反"又称"二律背反"，即两个相互排斥而又被认为是同样正确的命题之间的矛盾。效益背反是可以逆向考虑的，就是恶化一项使另一项得到优化。《物流术语》（GB/T 18354-2021）将物流效益背反（logistics trade off）定义为：一种物流活动的高成本，会因另一种物流活动成本的降低或效益的提高而抵消的相互作用关系。也就是说，改变系统中的任何一个要素，都会影响到其他要素的改变。具体来说，要使系统中任何一个要素增益，必将使系统中其他要素产生减损的作用。"效益背反"是物流领域中普遍存在、经常发生的现象，是物流领域内部矛盾的反映和表现。

"效益背反"是一种此消彼长、此盈彼亏的现象，虽然在许多领域中也存在效益背反的现象，但在物流领域，这种现象尤其普遍。效益背反普遍存在于企业物流活动的各个方面，如物流运输、储存、包装、装卸等环节的"效益背反"；企业内部各部门之间物流的"效益背反"；企业与企业之间的"效益背反"；物流成本与物流服务之间的"效益背反"等。例如，在产品销售市场和销售价格不变的前提下，假定其他成本因素不变，那么包装每少花一分钱，收入就增加一分，包装越省，利润就越高。但是，一旦商品进入流通领域，简化包装虽然可以降低包装成本，但相应地由于包装强度降低，在后续的运输和装卸搬运过程中，包装的破损率会大大增加，这类商品在仓库摆放时也不可堆放得过高，这就降低了仓库利用率。此外，因节省包装降低了商品的防护效果，造成了大量损失，还会使储存、装卸、运输功能要素的工作状况恶化，效益大减。显然，包装活动的效益是以其他活动的损失为代价的。在我国流通领域中，每年因包装不善而出现的商品损失达上百亿元，这就是物流效益背反最好的例证。

正确认识效益背反，有利于物流企业的生产经营。如果企业对物流过程中的效益背反规律缺乏足够的认识，成本决策就会失误。例如，有的企业在降低物流成本时尽管采取了多种措施却收效甚微，究其原因主要是将有机联系、有机协调的物流各环节、各方面、各部门割裂开来，片面追求各环节的成本最低，从而使总成本难以下降。

二、物流服务与物流成本的关系

（一）服务水平与物流成本的效益背反

一般来说，提高物流服务水平会导致物流成本上升，它们之间存在着效益背反。服务水平与物流成本的效益背反是指物流服务的高水平必然带来物流企业业务量和收入的增加，企业物流成本随之增加，使得企业效益下降，即高水平的物流服务必然伴随着高昂的物流成本。

（二）呈现非线性关系

物流服务与物流成本之间存在着非线性关系。在物流服务低水平阶段增加成本，可大幅度提升服务水平，但在物流服务高水平阶段追加成本，服务水平的上升幅度不会太大。也就是说，在没有很大技术进步的情况下，企业很难同时做到提高物流服务水平和降低物流成本。

（三）物流服务与物流成本策略

（1）保持物流服务水平不变，尽量降低物流成本。

（2）提高物流服务水平，不惜增加物流成本，这是企业提高物流服务水平的通行做法。

（3）保持物流成本不变，提高物流服务水平。

（4）用较低的物流成本，实现较高的物流服务水平。

企业最终采取哪种物流服务与物流成本策略，需要通盘考虑各方面的因素，这些因素包括商品战略、地区销售战略、流通战略、竞争对手物流成本、物流系统所处的环境，以及物流系统负责人所采用的方针等。

三、物流服务与物流成本的权衡

（一）物流管理的目标

末端客户体验和行为是拉动物流的基本力量。因此，现代物流管理的根本目标是保证客户服务水平基础上实现成本最低。物流企业既要提高物流服务水平，又要追求物流服务水平与物流成本的协调与平衡。

（二）物流服务与物流成本的效益背反

由于物流服务与物流成本之间存在效益背反现象，对高水平物流服务的追求是以高成本为代价的。因此，要尽可能减少物流过程中的货损货差，根据客户要求提供优质服务。要使物流成本得到有效降低，物流企业应从全局最优的角度规划其物流服务，并采取合理的物流模式。既不能为了提高服务水平而无限制地提高物流成本，也不能为了片面降低物流成本而把服务水平降到过低标准。

（三）物流服务和物流成本具有权衡关系

物流行业的发展在微观上体现为以较低的成本为客户提供较好的服务，在宏观上体现为在一定物流收益水平约束下，追求物流成本最小化。物流服务和物流成本具有权衡和此消彼长的关系。企业应在物流服务水平和物流成本之间寻求一个平衡点。在找到这个平衡点之前，较大幅度地提高服务水平只会引起物流成本较小幅度的浮动；但在这个平衡点之后，较小幅度地提高服务水平却会引起物流成本较大幅度的上升。因此，应该在物流的全过程中寻找这个平衡点，实现降本增效。

【降本增效】

外运E拼——标准化服务

"外运E拼"产品是为应对国际贸易碎片化的新趋势,以生态圈构建为核心主旨,以强大的后台技术为支撑,为拼箱货代公司及各相关方提供一站式、端到端、线上线下一体化的拼箱物流服务和解决方案。这是中外运推出的首个全国统一的标准化服务产品,是中外运携手合作伙伴重构碎片化物流生态的一次创新。"外运E拼"产品作为一个公共性的拼箱服务平台,集线上需求整合平台、线下配载集采平台于一体,通过中外运全链路的服务和全球性的网络,与客户形成更为紧密的协作关系,构建了一个跨界融合、互动共生的生态圈,创造和共享交易价值。"外运E拼"产品的雏形始于2003年的深圳笋岗,以拼箱CFS业务为切入点,经过十余年的持续创新和迭代发展,形成了以深圳、广州、厦门和香港为中心仓,延伸至华南众多内陆卫星仓的运营格局。2018年初,中外运依托自身的网络和资源优势,对接客户的全网服务需求,全力开启全国性拼箱服务平台的建设工作。截至2019年底,"外运E拼"平台完成国内主要沿海港口的全覆盖,拥有大连、天津、青岛、上海、宁波、厦门、广州、深圳、香港等12个中心仓和30余个卫星仓的网络化布局,投入运营的仓库面积达21万 m^2,实现平台年吞吐量800万 m^3,年出口报关53万票,平台外贸出口额超过57亿美元,平台活跃合作伙伴超过10万家,成长为中国最大的拼箱服务平台。2020年,在东南亚投入运营第一个海外中心仓,并已建立"15个中心仓+30个卫星仓"的一体化服务网络。2020年累计完成集拼业务出库量515万 m^3,同比增长27%。

【问题与思考】

疫情期间,中外运的盈利能力为什么能逆势上扬,"外运E拼"是降本增效的举措吗?

【内化与提升】

改革开放40多年来,中外运一直致力于引领和推动中国物流业的高质量发展,肩负着"打造世界一流智慧物流平台企业"的历史使命,以物流服务提供商、整合商、平台商三位一体的发展模式,构建和营造共享、共建、共赢的物流新生态。中外运通过运用智慧物流技术对现有的服务进行持续的产品化重构,逐步形成了多个全球性、全国性的标准化服务产品,全面提升了各个物流环节的服务效率、质量和客户体验,降低了物流成本,实现了高效物流。

【同步测试】

一、单项选择题

1. 物流服务是企业为满足客户的（   ）需求，所实施的一系列物流活动过程及其产生的结果。
   A. 供应　　　　　B. 生产　　　　　C. 销售　　　　　D. 物流
2. 物流服务本身并不创造商品的（   ），而是产生空间价值和时间价值。
   A. 边际效用　　　B. 场所效用　　　C. 形质效用　　　D. 品质效用
3. 物流服务的基本特征包括结构性、差异性、网络性和（   ）。
   A. 增值性　　　　B. 服务性　　　　C. 系统性　　　　D. 连续性
4. 物流服务的构成要素包括备货保证、输送保证、价格优惠和（   ）。
   A. 信用保证　　　B. 时间保证　　　C. 品质保证　　　D. 安全保证
5. 物流服务质量是指用精度、时间、费用、（   ）等来表示的物流服务品质。
   A. 社会　　　　　B. 供应链　　　　C. 配送中心　　　D. 顾客满意度

二、多项选择题

1. 物流服务构成要素中的品质保证涵盖物理损伤和（   ）。
   A. 运输中损坏　　B. 保管中损坏　　C. 错误输送　　　D. 数量差错
2. 物流服务质量评价指标包括（   ）。
   A. KPI指标　　　　　　　　　　　B. 服务质量指标
   C. 库存、管理服务指标　　　　　　D. 运输、配送服务质量指标
3. 流通企业物流成本包括（   ）。
   A. 进货成本　　　B. 储存成本　　　C. 销售成本　　　D. 综合管理费用
4. 物流成本按物流活动过程不同分为供应物流费、销售物流费和（   ）。
   A. 成产企业内物流费　　　　　　　B. 快递物流费
   C. 废弃物物流费　　　　　　　　　D. 回收物流费
5. 物流成本与服务水平的效益背反表现在（   ）。
   A. 服务水平与物流成本之间呈非线性关系
   B. 高水平的物流服务必然带来高水平的物流成本
   C. 在没有很大技术进步的情况下，企业很难同时做到提高物流水平和降低物流成本
   D. 物流服务的高水平必然带来企业业务量和收入的增加，同时带来企业物流成本的增加，使得企业效益下降

三、判断题

1. 物流成本是企业物流活动中所消耗的物化劳动和活劳动的货币表现。（   ）
2. 物流成本按功能要素不同分为运输成本、配送成本、流通加工成本、物流信息技术相关成本、装卸与搬运成本、包装成本和仓储成本。（   ）
3. 效益背反又称"二律背反"，即两个相互排斥而又被认为是同样正确的命题之间的矛盾。（   ）
4. 物流服务质量与物流成本是一种此消彼长的关系，物流服务质量提高，物流成本就会上升。（   ）
5. 物流服务水平是物流活动水平的结果，这意味着每个客户的服务水平都有相应的成本水平。（   ）

【综合实训】

实训项目： 我为企业献一言。

实训目标： 训练学习者的思维能力。

实训资料： 企业文化建设是一个全员参与、全员践行的过程，也包括企业客户和关联方的建言和支持。请设计一个物流服务理念，能体现以客户为中心、帮助客户解决难题、为客户提供有价值的产品和服务的价值取向。结合自己的学习体验，完成物流服务理念设计。

实训要求：

（1）提供一个真实案例。

（2）能体现企业文化建设和发展需求。

（3）能体现长期的指导性。

（4）文字精练且具有高度概括性。

（5）服务理念用语加注释义。

实训指导：

（1）通过文献检索"服务理念"，并收集校园或常住地周边企业的相关物流理念。

（2）查找与所选企业物流服务相关的门户网站，如中外运物流，了解相关物流服务活动。

（3）以小组为单位探讨物流服务与企业发展的关联。

（4）结合自身的服务体验，整理物流服务理念并进行成果展示。

实训评价：

实训评价表

班级：   姓名：   学号：

学习情景：我为企业献一言

评价项目		评价标准	分值	得分
考勤（10%）		没有无故迟到、早退、旷课现象	10	
工作过程（60%）	案例真实	能编写完整的物流服务理念案例	10	
	故事情节	有与物流服务概念相对应的故事情节	5	
	物流知识	有与案例相对应的物流服务知识	10	
	文字功底	语句通顺、概括性强、文字简练	5	
	工作态度	工作态度端正、认真、积极主动	10	
	沟通协调能力	能与团队成员合作交流、协调工作	10	
	职业素养	具有服务意识、成本意识、系统观念	10	

评价项目	评价标准		分值	得分
项目成果（30%）	工作完整		5	
	工作规范		10	
	案例报告		10	
	成果展示		5	
合计			100	

07

Chapter

第七章

物流供应链管理

知识目标

- 掌握供应链和供应链管理的概念
- 理解供应链和供应链管理的特点
- 掌握供应链管理的作用和内容

技能目标

- 能够查阅物流供应链的政策文件
- 能够解释物流业与制造业的融合发展
- 能够分析物流供应链管理的具体案例

素养目标

- 能够牢固树立合作意识
- 能利用物流供应链运营承担社会责任
- 能理解物流供应链创新对降本增效的推动作用

● 思维导图

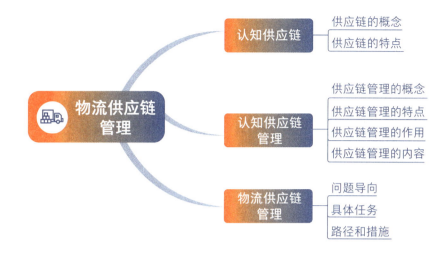

【引导案例】
中兴供应链被掐断的警示

2018年4月16日，美国商务部宣布将禁止美国企业向中国电信设备制造商中兴通讯股份有限公司（简称"中兴"）出售任何电子技术或通信元件，这一禁令长达7年，直到2025年3月13日。更为雪上加霜的是，英国国家网络安全中心（NCSC）也发出建议，警示电信行业不要使用中兴的设备和服务。

这是对中兴的一次巨大打击，中兴的手机业务和AI之路可能因此被掐断。

高通、英特尔、微软和杜比都是中兴设备的主要提供商。中兴通信设备中25%~30%的组件来自美国，为这些组件寻找新的供应商需要时间，并且在此之前，中兴几乎无法出售任何商品。

虽然中兴在国内手机市场上逐渐销声匿迹，但为了避免管道化的地位，中兴从2015年开始悄然布局人工智能，对于下一代网络的智能化需求愈来愈强烈。中兴在"平台＋云管端"全面布局，协助运营商把握网络智能化。中兴人工智能平台凭借nVIDIA GPU等构建的容器化实现高性能集群。在芯片和终端方面具备智能机器人大脑、智能手机优化、家庭智能终端（包含最新的IPTV）等产品能力。

在中美贸易摩擦的大背景下，国内科技公司在美国市场的每个动作都如履薄冰。这次受到影响的是中兴、华为等高新技术企业，见微知著，我们应该意识到中国企业在很多关键技术节点上依然受制于人，企业与企业的竞争、国与国的竞争，终究还要靠硬科技和硬实力。有核心技术供应链才不会被切断。

案例思考：

1. 什么是供应链？
2. 为什么国家如此重视物流供应链管理？
3. 在物流业与制造业融合发展中，物流企业有什么社会责任？

案例分析：

中兴供应链被切断反映的是一个供应链安全问题。对华为、中兴、小米等科技企业来说，既需要自主研发，以增强核心竞争力，又需要借助供应链整合全球资源为我所用，这就需要注意风险防控和供应链安全与发展。

第一节
认知供应链

一、供应链的概念

动画
认知供应链

2017年10月13日，国务院办公厅印发《关于积极推进供应链创新与应用的指导意见》，开启了我国供应链发展的新时代。

《物流术语》（GB/T 18354-2021）将供应链（supply chain）定义为：生产及流通过程中，围绕核心企业的核心产品或服务，由所涉及的原材料供应商、制造商、分销商、零售商直到最终用户等形成的网链结构，如图7-1所示。

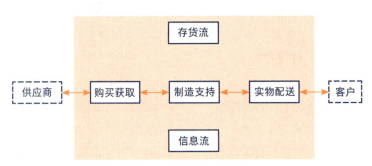

图7-1 供应链示意图

供应链是以客户需求为导向，以提高质量和效率为目标，以整合资源为手段，实现产品设计、采购、生产、销售、服务等全过程高效协同的组织形态。供应链具有创新、协同、共赢、开放、绿色等特征。

企业通过与上游供应商和下游客户组成供应链，可以与供应链上下游企业建立合作共赢的协同发展机制；实现从生产到消费等各环节的有效对接，降低企业经营和交易成本，建立覆盖设计、生产、流通、消费、回收等各环节的绿色产业体系；使我国企业更深、更广地融入全球供应链体系，推进"一带一路"建设，构建全球利益共同体和人类命运共同体，提高我国在全球经济治理中的话语权。

到2020年，我国已基本形成覆盖重点产业的智慧供应链体系，培育了100家左右全球供应链领先企业，我国已成为全球重要的供应链创新与应用中心。随着信息技术的发展，供应链已进入与互联网、物联网深度融合的智慧供应链新阶段。

例如，青岛日日顺物流依托先进的管理理念和物流技术，整合全球的一流网络资源，搭建起开放的专业化、标准化、智能化大件供应链服务平台。作为中国大件物流领导品牌，日日顺物流始终坚持以实现用户最佳体验为目标，依托覆盖到村的仓储网、即需即送配送网、送装一体服务网和即时交互信息网"四网融合"的供应链服务平台，为客户提供全品类、全渠道、全流程、一体化的物流服务。目前，日日顺物流将分布在全国的136个智慧仓、6 000家服务网点、10万辆车连接起来，在智慧物流信息系统平台的支持下，在全国规划3 300多条班车循环专线，为全国2 915个区县的用户提供按约送达、送装同步服务，最终降低整体供应链成本，提升用户服务体验。

二、供应链的特点

供应链是一个网链结构，节点企业和节点企业之间是一种需求与供应关系。供应链具有以下主要特征：

（一）复杂性

因为供应链节点企业往往由多个不同类型、不同层次，甚至多国企业构成，所以供应链结构模式比一般单个企业的结构模式更复杂。

（二）动态性

供应链的管理目标因企业战略和市场需求的变化而变化，其中节点企业需要动态更新，以适应市场需求的变化，这就使得供应链具有明显的动态性。

（三）响应性

供应链是基于一定的市场需求构成的，在供应链运作过程中，客户需求是供应链中信息流、产品流、服务流、资金流运作的驱动源，这就使得供应链具有明显的响应性。

（四）交叉性

一个企业既可以是这条供应链上的成员企业，也可以是另一条供应链上的成员单位，众多供应链形成一种交叉结构，使供应链具有交叉性，这就增加了供应链协调管理的难度。

企业在构建供应链时要担起责任，统筹好发展与安全的关系，否则一旦遇到打压，不仅会阻碍企业的发展前途，甚至还会危害到国家安全。

【社会担当】
华为不惧断供危机，"绝地反击"敢担当

当前世界面临百年未有之大变局，受新冠肺炎疫情的影响，全球产业链面临重构，并带来重要的战略机遇。在"危"与"机"并存之下，这是一场关乎全球的产业链竞争。对华为、中兴等中国企业来说，要摆脱断供的困境，一方面需要自主研发核心技术，另一方面需要善于借助供应链把全球资源为我所用。产业链强则产业强，产业强则实体经济强。化危为机，抢抓先机，在这一轮全球产业链重构中赢得主动权，获得大发展，是中国企业的时代使命。中国企业要增强供应链风险防范意识，建立基于突发事件的供应链安全防控措施，建立供应链风险预警系统，制定和实施多元化发展战略，着力在网络布局、流程管控、物流保障、应急储备、技术和人员管理等方面增强供应链弹性，提升风险防范和抵御能力，促进供应链全链条安全、稳定、可持续发展。面对断供危机，华为技术有限公司（简称"华为"）延链、补链、强链，绝地反击，成功突围，展示了中国企业的社会担当。

2019年5月16日，美国将华为列入"实体清单"，世界上所有国家的公司只要产品使用美国零部件或软件的比例达到25%，在对华为供货时都要受到出口管制。为阻止华为的发展，美国一再修改其对华为的禁令并进行技术封锁：2020年5月15日，从禁止华为使用美国芯片设计软件，到2020年8月17日禁止将含有美国技术的代工企业生产的芯片供应给华为，再到2020年9月15日禁止将拥有美国技术成分的芯片出口给华为。自此美国对华为的芯片管制令正式生效，台积电、高通、三星、中芯国际等多家公司将不再供应芯片给华为。短短一年的时间，华为旗下的152家子公司都在实体清单中，华为处境艰难。面对危机，华为没有退缩，担起责任，实施三大战略实现绝地反击。一是利用库存和在全球范围内寻找供应伙伴，解决芯片短缺问题，尽可能多"活"更长时间，给中国研发芯片的团队有喘息之机；二是加入汽车制造行业，做智能汽车部件的供应商，生产汽车配件和汽车驾驶系统，与汽车制造商共进退；三是推进5.5G和6G研发，以华为云作为反制裁的重要武器，实现弯道超车。2021年3月31日，华为发布2020年的年度报告，全年实现销售收入8 914亿元人民币，同比增长3.8%；净利润646亿元，同比增长3.2%。面对全球性的断供危机，华为虽然经历了艰难，但它挺过来了，活下来了，这就意味着华为突围成功，意味着中国企业反断供胜利。

第二节
认知供应链管理

一、供应链管理的概念

《物流术语》（GB/T 18354–2021）将供应链管理（supply chain management）定义为：从供应链整体目标出发，对供应链中采购、生产、销售各环节的商流、物流、信息流及资金流进行统一计划、组织、协调、控制的活动和过程。在信息化时代，企业与企业之间的竞争是供应链与供应链之间的竞争。为保持竞争优势，在竞争中取胜，企业将购买获取、制造支持、实物配送等物流作业向上游延伸到供应商，向下游延伸到客户，使物流合作从过去一个松散联结的独立企业群体变为一种致力于提高效率和增强竞争力的合作力量。物流控制从过去单一的企业控制，变为供应链节点企业拧成一股绳的合作控制。物流合作范围也从单一的企业内部，扩展到从最初的供应商购买获取，再到最终消费者可接受的、致力于所有物流作业一体化管理的整个供应链，这就是供应链管理，如图7-2所示。

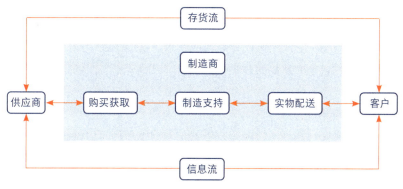

动画
认知供应链
管理

图7-2　供应链管理示意图

例如，客户需要一批电动机，向制造商订货，制造商根据这些需求信息，制订材料采购计划和制造计划，通过向供应商购买原材料后组织生产，最终将产品（电动机）配送给客户，完成订单交付。在这一过程中，制造商将原材料采购需求向上游延伸到供应商，与供应商共享采购需求信息，使供应商实时掌握制造商的原材料需求，确保原材料供应。同时制造商将产品的生产和配送信息向下游延伸到客户，与客户共享生产与配送信息，让客户实时掌握配送动态，提高客户满意度。在整个物流运作过程中，制造商将原材料购买获取、制造支持、实物配送与客户和供应商综合起来考虑，实施供应链管理，达到降低成本、提高效率的目的。

二、供应链管理的特点

（一）整体性

供应链管理把所有节点企业看作一个整体，实现全过程的战略管理。传统的管理模式往往以企业的职能部门为基础，但由于各企业之间以及企业内部职能部门之间的性质、目标不同，造成相互之间的矛盾和利益冲突，各企业之间以及企业内部职能部门之间无法完全发挥其职能效率，因此很难实现整体目标优化。供应链是由供应商、制造商、分销商、零售商、客户和服务商组成的网状结构。供应链中各环节不是彼此分割的，而是环环相扣的一个有机整体。

供应链管理把物流、信息流、资金流、业务流和价值流管理贯穿于供应链全过程。它覆盖了整个物流，从原材料和零部件的采购与供应、产品制造、运输与仓储，到销售的各种职能领域。它要求各节点企业之间实现信息共享、风险共担、利益共存，并从战略高度来认识供应链管理的重要性和必要性，从而真正实现对整体的有效管理。

（二）集成性

供应链管理的关键是采用集成的管理思想和方法。它是一种从供应商开始，经由制造商、分销商、零售商，直至最终客户的全要素、全过程集成化管理模式，是一种全新的管理策略。它把不同的企业集成起来，以提高整个供应链的效率，它关注的是企业之间的合作并达到整体最优。

（三）库存转移性

传统的库存管理思想认为：库存是维系生产与销售的必要措施，是一种必要的成本。而供应链管理使企业与其上下游企业之间在不同的市场环境下实现了库存的转移，降低了企业的库存成本。这就要求供应链上各个节点的企业要建立战略合作伙伴关系，通过快速反应降低库存总成本。

（四）需求导向性

无论构成供应链的节点企业数量有多少，无论供应链节点企业的类型、层次有多少，供应链的形成都是以客户和最终消费者的需求为导向的。正是由于有了客户和最终消费者的需求，才有了供应链的存在。而且，只有客户和最终消费者的需求得到满足，才能使供应链有更大的发展。

（五）技术支撑性

通过对供应链管理的概念与特点的分析可知：相对于依赖自然资源、资金和新产品技术的传统管理模式，以最终客户为中心，将客户服务、客户满意、客户成功作为管理出发点的供应链管理的确具有多方面的优势。但由于供应链是一种网状结构，一旦某一局部出现问题，将马上扩散到全局，所以供应链管理的运作过程就要求各个成员企业对市场信息的收集与反馈更加及时、准确。以做到快速反应，降低损失。要做到这些，供应链管理需要先进的信息系统和强大的信息技术作为支撑。

三、供应链管理的作用

（一）减少库存，降低成本

通过供应链管理，使购买信息在供应商与制造商之间实时传递，制造商不需要储备大量的库存来保障生产，大大降低了库存费用，减少了生产成本。例如，一个企业向供应商的订货信息处理流程为：下订单—生产—交货—结算。通过供应链管理，企业在ERP系统中，首先在订货模块中输入订单信息后，生产模块中就会自动产生生产计划及物料需求计划，采购模块中根据库存情况及需求计划自动生成采购计划，最后在供应商处接收到采购订单，及时送货。

有效的供应链管理及ERP系统优化了流程的各个环节，除了库存管理，由于供应商与制造商建立了战略合作伙伴关系，签订供应合同的手续就大大简化，交易成本也因此大大降低。

（二）快速响应客户需求，实现以销定产

供应链的建立以及ERP系统在企业中的运用，使得信息传递更快速、更准确。当销售商获得顾客的需求信息后，可以通过ERP系统将信息传递给制造商，制造商根据顾客的需求组织生产，并根据有效的配送方案将产品送至客户手中，避免了信息不对称造成的产品积压或市场机会丢失，能及时满足客户需求，增加利润，减少损失。ERP系统还使供应链中企业之间的手续变得简单易行，极大地缩短了整个流程的时间。例如，在采购过程中，信息的透明化与及时化提高了供应链上企业的同步化运作效率。

（三）有效管控业务流程，降低运营风险

供应链信息的透明化与快速传递，使企业在面对机会和问题时能尽快做出相应的决策和计划，有效控制业务流程，防止出现问题。此外，企业还可以通过外包，将自己不擅长的业务外包给其他企业，降低企业的运营风险。

（四）专注核心业务，提高企业的核心竞争力

供应链中每个成员企业都只做自己最擅长的部分，即自己的核心业务，而将自己不擅长的业务，即非核心业务外包给供应链中的合作伙伴，这就使得企业可以将有限的资源集中使用到企业的核心业务，使企业更具有核心竞争力。

供应链管理是对现代流通方式的创新，能加速现代生产方式的产生和发展，改变现代社会的竞争方式，促进现代信息技术应用，对企业的发展具有重大意义。

四、供应链管理的内容

供应链管理覆盖了从供应商的供应商到客户的客户的全部过程，涉及供应商、制造商、批发商、零售商、物流商的全部业务领域，内容复杂，管理难度大。若从内容模块上划分，供应链管理的内容又可分为供应管理、生产计划管理、物流管理和需求管理四个模块，如图7-3所示。无论是供应链的构建，还是供应链的优化、供应链的运作，以及供应链的实战案例，均与这四个模块密切相关。

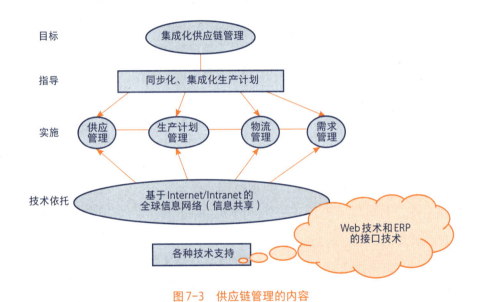

图7-3 供应链管理的内容

供应链管理以同步化、集成化为策略，以各种信息技术为支撑，尤其依赖Internet/Intranet网络，以提高用户服务水平和降低总交易成本，并寻求两者之间的最优值。供应链管理主要包括计划、采购、制造、配送、退货等基本内容。

（一）计划

计划是供应链管理的策略性部分，不仅要从企业本身出发，更要从整条供应链的角度优化计划和决策。

（二）采购

采购选择能为产品和服务提供合适的货品和服务供应商，与供应商共同建立一套定价、配送和付款流程，并与供应商提供货品和服务的流程结合起来。采购包括提货、核实货单、转运货物至制造部门，及批准对供应商付款等。

（三）制造

制造包括安排生产、测试、打包和准备送货所需的活动，是供应链中测量内容最多的部分，包括质量水平、产品产量和工人生产效率等方面的测量。

（四）配送

配送包括调整用户的订单，建立仓库网络，安排人员提货，送至客户手中，建立货品计价系统，收款等。

（五）退货

这是供应链中的问题处理部分，也是逆向物流的一部分。退货包括建立逆向物流网络，接收客户退回的次品和多余产品，并在客户使用产品出问题时提供支持。成功的供应链管理能使企业在竞争中战胜对手，赢得市场，获得客户的青睐。同时，作为同行，当竞争对手身处危机时，应共同面对，决不能乘人之危，落井下石。

【德技并修】
从三条禁令看华为的社会担当

2018年，听闻中兴遭遇美国制裁的消息后，华为立即在内部发布了三条禁令：第一，绝不允许挖中兴的人才；第二，绝不允许抢中兴的客户；第三，绝不允许公司任何人打中兴设备的主意。华为认为，与中兴虽是竞争对手，但更是同行，面对危机，中国企业必须团结一致，才能共渡难关。

【问题与思考】
物流从业人员如何正确看待深陷危机的同行。

【内化与提升】
面对制造业地位的持续下降，工业品在全球市场上竞争力相对减弱的状况，尤其是在新冠肺炎疫情中，各国纷纷认识到"封锁""隔离"对本国产业会造成严重打击，提出"再工业化"战略，以重新夺回国际制造业竞争的主导权。全球基本形成了以美国为核心的北美洲供应链，以德国为核心的欧洲供应链和以中国为核心的东亚供应链。面对新冠肺炎疫情冲击和全行业的供应链风险，维护产业链、供应链的安全稳定成为全行业最重要的事情。国务院把"保产业链供应链稳定"列入"六保"任务之一。2021年《政府工作报告》指出："优化和稳定产业链供应链……增强产业链供应链自主可控能力，实施好产业基础再造工程"。

展望未来，我国将以"一带一路"建设为契机，构建起一个"以中国为核心，连接世界各大洲，通达主要目标市场"的全球物流和供应链服务体系，提升全球连接和全球服务，提供全球解决方案的能力，支撑中国实现"全球买、全球卖、全球造、全球运、全球递"。

第三节
物流供应链管理

物流供应链管理包括以下主要内容：

一、问题导向

物流企业在提供供应链服务时，首先应明确客户需求，特别是客户面临的问题和挑战，理清构建供应链需要解决的问题，如客户的痛点、客户的需求满足程度、货源集汇、运力集汇、链路设计、供应链信息平台设计、供应链上节点企业构成、供应链运营管理、绩效管理等。

二、具体任务

每个企业都有自己的战略目标和市场定位。在供应链构建过程中，首先必须满足企业的战略目标和市场定位。在供应链设计中，要广泛应用新的管理工具和技术，包括归纳法、流程图、模拟和设计软件等。另外，要进行第三方物流的选择、定位、计划与控制等，以确定产品和服务的计划、运送、分配及定价等。在构建供应链过程中，需要多个节点企业参与交流，以便今后供应链的有效实施。

三、路径和措施

将实施措施以任务清单的形式列示，便于考核检查。任务清单要以问题为导向，细化与实化近期、中期、远期工作任务，明确实施路径、保障措施及实现目标等内容，切忌空话和套话。

【降本增效】

物流供应链管理：中外运助力客户提质增效

奇瑞捷豹路虎汽车有限公司（简称"奇瑞捷豹路虎"）成立于2012年11月，由奇瑞汽车股份有限公司（简称"奇瑞"）和捷豹路虎汽车公司（简称"捷豹路虎"）共同出资组建，是国内首家中英合资公司，专注于高端汽车制造。公司总部设在上海，生产基地位于江苏省常熟市。公司在常熟市设厂进行国产化战略。工厂成立之初，需要一家物流服务商为其提供从英国、欧盟、美国全部海外供货商处提货，一直到中国工厂的端到端全程供应链解决方案和服务。客户要求物流服务商能够准确及时地满足物流需求，并确保整个供应链的持续优化。中外运经过竞标，成功获得了客户的外包物流项目。

（一）困难和问题

（1）客户定制化需求多、紧急订单多，要求物流供应链具有柔性，以快速响应客户需求。

（2）供应链成本高，要求降低成本。随着高端汽车市场的定制化需求日益增加，客户紧急订单增多，物流需求变化快。这就要求物流服务商对其供应链进行柔性管理。

（3）客户信息不对称，管理难度大。客户的进口件来源于美国、德国、英国，信息不对称，管理难度大。

（二）解决方案

面对客户的上述问题和困难，中外运物流团队在调研的基础上制定了物流供应链解决方案。

1. 国际物流

奇瑞捷豹路虎的国产化率为50%，进口件50%。其中，进口件中65%来自英国，35%来自德国。在英国和德国建立集散中心，负责来自英国和欧洲大陆的转运。装箱后，海运或空运至上海。海外集散中心委托捷豹路虎管理，并根据不同的汽车零部件分类制定运输方案。

（1）变速箱运输。变速箱来自美国，商品价值高，选择直接运输。一周20个集装箱直运上海。

（2）进口件联运。进口件到达上海后，由中外运接收并暂存，转水上运输。沿长江水上运输90千米后到达常熟市，然后选择汽车运输至安吉智行的物流配送中心。

2. 国内物流

（1）供应商自送。国内供应商直接将货品自送至工厂。

（2）循环取货。根据《物流术语》（GB/T 18354—2021），循环取货（milk-run）是指同一货运车辆按照预先设定的路线和时间依次到两个及以上取货点处取货，然后直接送达到指定地点的一种物流运作模式。安吉智行负责循环取货、仓储管理和厂内物流的分拨、排序和上线。

① 直接循环取货。距离工厂300千米内的货物，直接取货。

② 建立循环取货基地。对于300千米以外的货物，建立循环取货基地。其中300~600千米，如武汉循环取货基地，负责收集距离武汉300千米以内的货物，直运常熟的区域分发中心（RDC）。

③ 干线运输，供应商直运，距离工厂600~900千米，如长春、重庆等地，选取干线运输，下单时订购一整车零部件，直运到常熟。

④ 出厂物流外包。整车出厂物流外包给长久物流和NYK日本邮船汽车物流。其中，长久物流负责整车园区物流和75%的分销物流，NYK负责25%的分销物流。

（三）实施效果

物流供应链管理方案实施后，收到了良好效果，供应链柔性显著增强，成本显著降低。

（1）通过区域分发中心操作运营外包，厂内物流运营外包，进口零部件上门取货，标准循环包装租赁等一系列措施，减少了因供应链柔性增加的成本。

（2）供应链成本降低。进口零部件由海运转向内河航运，在常熟市清关后入厂。把进口件库存建设在运输途中，而不是放在仓库里，同时内河航运费用低，供应链成本也随之降低。

（3）客户市场活力增强。该项目的到货准时率达到96%，保证了客户生产线的正常运转。同时，通过合理优化客户的物流成本，中外运帮助客户集中精力发展核心业务，从而增强了客户的市场竞争力和发展活力。

物流供应链管理，是促进物流企业和制造企业融合发展的重要工具，也是物流行业降本增效的重要手段，成为物流企业未来的发展方向。

 【降本增效】
两业融合发展——上汽安吉物流与敏实集团达成战略合作

2020年11月30日，上汽安吉物流股份有限公司（简称"上汽安吉物流"）与敏实集团有限公司（简称"敏实集团"）在嘉兴的敏实集团总部举行了全面战略合作签约仪式，标志着上汽安吉物流与敏实集团的合作全面启动。

敏实集团是全球汽车零部件设计、制造百强企业，拥有全球化的生产及研发实力，引入了大量先进的生产线及生产工艺，为众多世界知名国际汽车制造商提供产品，并建立了战略同盟关系。敏实集团通过合作，充分利用其综合成本与技术优势，不断改善优化产品，成为业内最佳，在适应行业领域快速成长的同时，推动着市场的健康发展。

上汽安吉物流与敏实集团的合作围绕各自的优势能力，共同打造全方位的供应链合作。双方强化合作内容，提升合作价值，在生产物流、智能装备与服务、包装、信息技术开发应用，以及进出口相关服务等领域展开深入合作，打造具有竞争力的全球物流管理系统，加强"四个业务层面"的合作与交流，最终实现物流成本最低、物流效率最高、服务响应最快的合作目标。

战略合作协议的签署成为一个新起点，双方将共同探索汽车零部件企业与物流企业更大范围、更深层次的合作，通过强强联合，形成优势互补、互利共赢的新局面。

此次签约也标志着上汽安吉物流跨出集团业务，与零部件企业开展全球化的业务战略合作，主动应对智能化、国际化趋势。

【问题与思考】

上汽安吉物流与敏实集团的战略合作有什么重大意义？这种模式为什么能得到物流企业的广泛支持？

【内化与提升】

物流业是支撑国民经济发展的基础性、战略性、先导性产业，制造业是国民经济的主体，是全社会物流总需求的主要来源。推动物流业与制造业的融合发展，是深化供给侧结构性改革，推动经济高质量发展的现实需要；是进一步提高物流发展质量效率，深入推动物流降本增效的必然选择；是适应制造业数字化、智能化、绿色化发展趋势，加快物流业态模式创新的内在要求。

【同步测试】

一、单项选择题

1. 供应链是在生产及流通过程中，围绕核心企业的核心产品或服务，由所涉及的原材料供应商、制造商、分销商、零售商直到最终用户等形成的（　　）。
   A. 联盟组织　　　　　　　　　　B. 合作关系
   C. 动态系统　　　　　　　　　　D. 网链结构
2. 最简单的供应链，即"直接供应链"是由（　　）公司，（　　）供应商，和（　　）消费者参与上游或下游产品、服务、财务和（或）信息流动。
   A. 一个，一个，多个　　　　　　B. 一个，多个，一个
   C. 一个，一个，一个　　　　　　D. 多个，一个，一个
3. "最终供应链"是指从最初供应商到最终消费者的（　　），参与上游或下游产品、服务、财务和（或）信息的流动。
   A. 上游组织　　　　　　　　　　B. 下游组织
   C. 所有组织　　　　　　　　　　D. 部分组织
4. 供应链的特征表现为供应链的复杂性、动态性、交叉性和（　　）。
   A. 响应性　　　　　　　　　　　B. 服务性
   C. 主导型　　　　　　　　　　　D. 增值性

5. 供应链管理是指对供应链涉及的（　　　）进行计划、组织、协调和控制。

    A. 部分活动　　　　　　　　　　　　B. 全部活动

    C. 物流活动　　　　　　　　　　　　D. 生产活动

二、多项选择题

1. 供应链的特征主要体现在供应链的（　　　　）。

    A. 复杂性　　　　　　　　　　　　　B. 动态性

    C. 交叉性　　　　　　　　　　　　　D. 响应性

2. 对于供应链管理的基本特征，以下说法正确的是（　　　　）。

    A. 更加关注物流企业的参与　　　　　B. 合作性竞争

    C. 非核心业务的外包　　　　　　　　D. 纵向一体化的功能思想

3. 关于供应链管理的基本特征，以下说法正确的是（　　　　）。

    A. 横向一体化的管理思想　　　　　　B. 以客户满意度为目标的服务管理

    C. 信息技术实现目标管理　　　　　　D. 合作性竞争

4. 关于供应链管理的作用，以下说法正确的是（　　　　）。

    A. 能有效降低成本

    B. 快捷响应客户需求

    C. 有效管控业务流程

    D. 能对供应链涉及的全部活动进行计划、组织、协调和控制

5. 关于中外运与奇瑞捷豹路虎汽车供应链物流项目的成功合作，以下说法正确的是（　　　　）。

    A. 有效降低成本　　　　　　　　　　B. 增加了库存

    C. 促进了国际物流的发展　　　　　　D. 增加了供应链的柔性

三、判断题

1. 供应链具有增值性、交叉性、动态性和供求性特征。（　　　）

2. 供应链管理是一种集成管理方法。（　　　）

3. 供应链管理的效益性不属于供应链管理的特点。（　　　）

4. 供应链管理的内容可分为供应管理、生产计划管理和合作关系管理等。（　　　）

【综合实训】

实训项目：物流供应链构建训练。

实训目标：训练学习者的管理思维能力。

实训资料：结合自己的认识，讲一讲物流业与制造业融合发展的故事。

实训要求：

（1）提供一个真实案例。

（2）具有一定的故事情节。

（3）能够体现出一定的物流供应链知识。

（4）具有较好的文字功底。

实训指导：

（1）通过文献检索"供应链管理"概念，并赴校园或常住地周边相关物流企业调研。

（2）查找与物流供应链相关的门户网站，如中国物流与采购联合会网站，了解相关物流供应链活动。

（3）以小组为单位探讨物流企业与制造企业融合发展的模式。

（4）结合自己的调研，完成物流业与制造业融合发展的案例故事并进行成果展示汇报。

实训评价：

实训评价表

班级：   姓名：   学号：

学习情景：物流业与制造业两业融合发展案例故事

评价项目		评价标准	分值	得分
考勤（10%）		没有无故迟到、早退、旷课现象	10	
工作过程（60%）	案例真实	能编写完整的双业融合发展案例	10	
	故事情节	有与物流业和制造业融合发展案例相对应的故事情节	5	
	物流知识	有与两业融合发展案例相对应的物流供应链知识	10	
	文字功底	语句通顺	5	
	工作态度	工作态度端正、认真、积极主动	10	
	沟通协调能力	能与团队成员合作交流、协调工作	10	
	职业素养	具有服务意识、风险意识、系统观念	10	
项目成果（30%）	工作完整		5	
	工作规范		10	
	案例报告		10	
	成果展示		5	
合计			100	

参考文献

［1］《习近平总书记教育重要论述讲义》编写组.习近平总书记教育重要论述讲义［M］.北京：高等教育出版社，2020.

［2］巴罗（Ronald H. Ballou）.企业物流管理——供应链的规划、组织和控制［M］.王晓东，等译。北京：机械工业出版社，2002.

［3］国家发展和改革委员会经济贸易司，中国物流与采购联合会.国家智能仓储物流示范基地创新发展报告［M］.北京：中国财富出版社，2018.

［4］中国物流与采购联合会，中国物流学会.中国物流发展报告（2017—2018）［M］.北京：中国财富出版社，2018.

［5］国家发展和改革委员会经济贸易司，中国物流与采购联合会.示范物流园区创新发展报告［M］.北京：中国财富出版社，2018.

［6］蔡跃.职业教育活页式教材开发指导手册［M］.上海：华东师范大学出版社，2020.

［7］宋文官.物流基础［M］.4版.北京：高等教育出版社，2014.

［8］钱廷仙.现代物流管理［M］.3版.北京：高等教育出版社，2019.

防伪查询说明

用户购书后刮开封底防伪涂层，利用手机微信等软件扫描二维码，会跳转至防伪查询网页，获得所购图书详细信息。用户也可将防伪二维码下的20位密码按从左到右、从上到下的顺序发送短信至106695881280，免费查询所购图书真伪。

反盗版短信举报

编辑短信"JB，图书名称，出版社，购买地点"发送至10669588128

防伪客服电话

（010）58582300

资源服务提示

授课教师如需获得本书配套教辅资源，请登录"高等教育出版社产品信息检索系统"（http://xuanshu.hep.com.cn/）搜索本书并下载资源。首次使用本系统的用户，请先注册并进行教师资格认证。

资源服务支持电话：010-58581854

高教社高职物流教师群QQ群：213776041

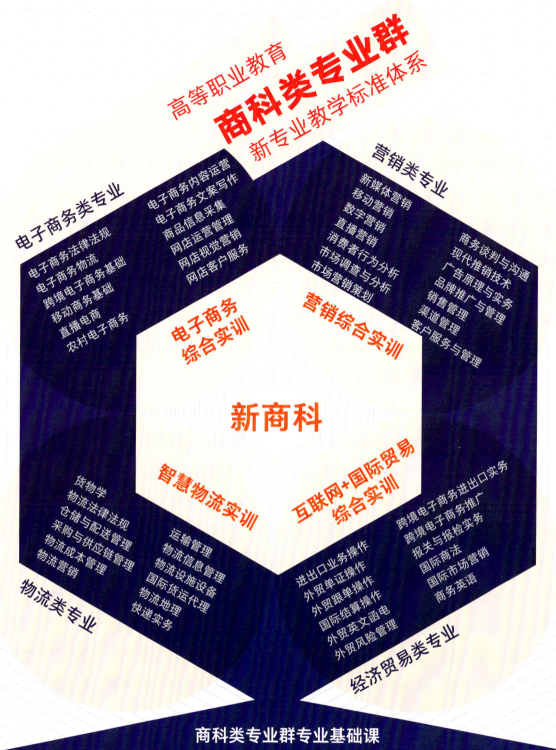

高等职业教育
商科类专业群
新专业教学标准体系

新商科

电子商务类专业

- 电子商务法律法规
- 电子商务物流
- 跨境电子商务基础
- 移动商务基础
- 直播电商
- 农村电子商务

- 电子商务内容运营
- 电子商务文案写作
- 商品信息采集
- 网店运营管理
- 网店视觉营销
- 网店客户服务

电子商务综合实训

营销类专业

- 新媒体营销
- 移动营销
- 数字营销
- 直播营销
- 消费者行为分析
- 市场调查与分析
- 市场营销策划

- 商务谈判与沟通
- 现代推销技术
- 广告原理与实务
- 品牌推广与管理
- 销售管理
- 渠道管理
- 客户服务与管理

营销综合实训

物流类专业

- 货物学
- 物流法律法规
- 仓储与配送管理
- 采购与供应链管理
- 物流成本管理
- 物流营销

- 运输管理
- 物流信息管理
- 物流设施设备
- 国际货运代理
- 物流地理
- 快递实务

智慧物流实训

经济贸易类专业

- 进出口业务操作
- 外贸单证操作
- 外贸跟单操作
- 国际结算操作
- 外贸英文函电
- 外贸风险管理

- 跨境电子商务进出口实务
- 跨境电子商务推广
- 报关与报检实务
- 国际商法
- 国际市场营销
- 商务英语

互联网+国际贸易综合实训

商科类专业群专业基础课

- 中国商贸文化
- 电子商务基础
- 市场营销
- 商品学
- 现代物流管理
- 国际贸易基础
- 商务办公软件应用
- 商务数据分析与应用
- 网络营销
- 选品与采购
- 供应链管理基础
- 商务沟通与礼仪

电子商务类专业

营销类专业

物流类专业

经济贸易类专业